Sous-Vide

Perfekcja w Twojej Kuchni

Jakub Kowalski

Wskazówka

wywar z kurczaka

Czas przygotowania + gotowanie: 12 godzin 25 minut | Posiłki: 3

Składniki :

2 funty kurczaka, wszystkie części - uda, piersi

5 szklanek wody

2 łodygi selera, posiekane

2 białe cebule, posiekane

instrukcje:

Przygotuj łaźnię wodną, umieść w niej urządzenie Sous Vide i ustaw temperaturę na 194 F. Rozłóż wszystkie składniki do 2 torebek sous vide, złóż górną część torebki 2-3 razy. Umieścić w łaźni wodnej. Ustaw timer na 12 godzin.

Gdy czas się skończy, wyjmij torebki i przenieś składniki do garnka. Gotuj składniki na dużym ogniu przez 10 minut. Wyłącz ogrzewanie i filtr. Użyj bulionu jako bazy zupy.

Sos cebulowy Pomodoro

Przygotowanie + czas gotowania: 30 minut | Posiłki: 4

Składniki

4 szklanki pomidorów przekrojonych na połówki i wydrążonych

½ cebuli, posiekanej

½ łyżeczki cukru

¼ szklanki świeżego oregano

2 ząbki czosnku, posiekane

Sól i czarny pieprz do smaku

5 łyżek oliwy z oliwek

instrukcje:

Przygotuj bemar i włóż do niego sous vide. Ustaw na 175 F. Umieść pomidory, oregano, czosnek, cebulę i cukier w szczelnej torbie. Odpowietrzyć metodą wypierania wody, zamknąć worek i zanurzyć go w łaźni wodnej. Gotuj przez 15 minut.

Gdy licznik czasu się skończy, wyjmij torebkę, przenieś zawartość do blendera i miksuj przez 1 minutę, aż masa będzie gładka. Posyp wierzch czarnym pieprzem.

Puree pieprzowe

Czas przygotowania + gotowanie: 40 minut | Posiłki: 4

Składniki :

8 papryki czerwonej bez pestek

⅓ szklanki oliwy z oliwek

2 łyżki soku z cytryny

3 ząbki czosnku, zmiażdżone

2 łyżeczki słodkiej papryki

instrukcje:

Przygotuj bemar, włóż do niego urządzenie Sous Vide i ustaw na 183 F. Umieść paprykę, czosnek i oliwę z oliwek w zamykanej próżniowo torbie. Odpowietrzyć metodą wypierania wody, zamknąć worki i zanurzyć je w kąpieli wodnej. Ustaw timer na 20 minut i gotuj.

Gdy odliczanie się skończy, wyjmij torebkę i otwórz ją. Paprykę i czosnek przełóż do blendera i zmiksuj na gładkie puree. Umieść patelnię na średnim ogniu; dodać puree pieprzowe i resztę składników. Gotuj przez 3 minuty. Podawać na ciepło lub na zimno jako dip.

Przyprawa Jalapeno

Czas przygotowania + gotowanie: 70 minut | Posiłki: 6

Składniki :

2 papryczki jalapeño

2 zielone papryczki chili

2 ząbki czosnku, zmiażdżone

1 cebula, tylko obrana

3 łyżeczki sproszkowanego oregano

3 łyżeczki czarnego pieprzu w proszku

2 łyżeczki sproszkowanego rozmarynu

10 łyżek proszku anyżowego

Instrukcje

Przygotuj łaźnię wodną, umieść w niej sous vide i ustaw na 185 F. Umieść paprykę i cebulę w zamykanej próżniowo torbie. Odpowietrzyć metodą wypierania wody, zamknąć worek i zanurzyć go w łaźni wodnej. Ustaw timer na 40 minut.

Gdy licznik czasu się skończy, wyjmij i otwórz torebkę. Paprykę i cebulę przełóż do blendera z 2 łyżkami wody i zmiksuj na gładkie puree.

Postaw patelnię na małym ogniu, dodaj pastę chili i resztę składników. Pozostawić do zagotowania na 15 minut. Wyłącz ogrzewanie i ostudź. Przechowywać w słoiczku z przyprawami, przechowywać w lodówce i spożyć do 7 dni. Użyj go jako przyprawy.

Zupa wołowa

Czas przygotowania + gotowanie: 13 godzin 25 minut | Posiłki: 6

Składniki :

3 funty nogi wołowej

1 ½ funta kości wołowych

½ funta mielonej wołowiny

5 szklanek koncentratu pomidorowego

6 słodkich cebul

3 główki czosnku

6 łyżek czarnego pieprzu

5 gałązek tymianku

4 liście laurowe

10 szklanek wody

instrukcje:

Rozgrzej piekarnik do 200°C. Umieść kości i nogi wołowe w naczyniu do pieczenia i posmaruj pastą pomidorową. Dodaj czosnek i cebulę. Odłożyć na bok. Na drugą patelnię włóż mieloną wołowinę i rozdrobnij ją. Włóż blachy do pieczenia do piekarnika i piecz, aż uzyskają ciemnobrązowy kolor.

Po ugotowaniu odsącz małże z tłuszczu. W dużej misce przygotuj bemar, włóż do niego sous vide i ustaw na 195 F. Rozłóż mieloną wołowinę, pieczone warzywa, czarny pieprz, tymianek i liście laurowe do 3 torebek sous vide. Odglaśnij patelnie wodą i dodaj do torebek. Złóż górną część torebek 2 do 3 razy.

Umieść torebki w łaźni wodnej i przymocuj je do patelni Sous Vide. Ustaw timer na 13 godzin. Gdy czas się skończy, wyjmij torebki i przenieś składniki do garnka. Doprowadzić składniki do wrzenia na dużym ogniu. Gotuj przez 15 minut. Wyłącz ogrzewanie i filtr. Użyj bulionu jako bazy zupy.

Natrzeć czosnkiem i bazylią

Czas przygotowania + gotowanie: 55 minut | Posiłki: 15

Składniki :

2 główki zmiażdżonego czosnku

2 łyżki oliwy z oliwek

Szczypta soli

1 główka kopru włoskiego, posiekana

2 cytryny, obrane i wyciśnięte

¼ cukru

25 liści bazylii

instrukcje:

Przygotuj łaźnię wodną, umieść w niej sous vide i ustaw na 185 F. Umieść koper włoski i cukier w zamykanej próżniowo torbie. Odpowietrzyć metodą wypierania wody, zamknąć worek i zanurzyć go w łaźni wodnej. Ustaw timer na 40 minut. Gdy licznik czasu się skończy, wyjmij i otwórz torebkę.

Koper włoski, cukier i pozostałe składniki przełóż do blendera i zmiksuj na puree. Przechowywać w pojemniku na przyprawy i przechowywać do tygodnia w lodówce.

Winegret balsamiczny z miodem i cebulą

Przygotowanie + czas gotowania: 1h55 | Porcje: 1)

Składniki

3 słodkie cebule, posiekane

1 łyżka masła

Sól i czarny pieprz do smaku

2 łyżki octu balsamicznego

1 łyżka miodu

2 łyżeczki listków świeżego tymianku

Instrukcje

Przygotuj bemar i włóż do niego sous vide. Ustaw na 186F.

Rozgrzej patelnię z masłem na średnim ogniu. Dodać cebulę, sól i pieprz i smażyć 10 minut. Dodaj ocet balsamiczny i gotuj przez 1 minutę. Zdjąć z ognia i wlać miód.

Umieść mieszaninę w zamykanej próżniowo torbie. Odpowietrzyć metodą wypierania wody, zamknąć worek i zanurzyć go w łaźni wodnej. Gotuj przez 90 minut. Gdy licznik czasu się skończy, wyjmij torebkę i przenieś ją na talerz. Udekoruj świeżym tymiankiem. Podawać z pizzą lub kanapką.

Sos pomidorowy

Czas przygotowania + gotowanie: 55 minut | Posiłki: 4

Składniki :

1 puszka (16 uncji) pomidorów, zmiażdżonych

1 mała biała cebula, pokrojona w kostkę

1 szklanka świeżych liści bazylii

1 łyżka oliwy z oliwek

1 ząbek czosnku, zmiażdżony

Sól dla smaku

1 liść laurowy

1 czerwona papryka

instrukcje:

Przygotuj łaźnię wodną, umieść w niej urządzenie Sous Vide i ustaw temperaturę na 185 F. Umieść wszystkie wymienione składniki w zamkniętej próżniowo torebce. Odpowietrzyć metodą wypierania wody, zamknąć worek i zanurzyć go w łaźni wodnej. Ustaw timer na 40 minut. Gdy licznik czasu się skończy, wyjmij i otwórz torebkę. Wyrzuć liść laurowy, a pozostałe składniki przełóż do blendera i zmiksuj na gładkie puree. Podawać jako dodatek do sosu.

Rosół z owoców morza

Przygotowanie + czas gotowania: 10 godzin 10 minut | Posiłki: 6

Składniki :

1 funt skorup krewetek z głowami i ogonami

3 szklanki wody

1 łyżka oliwy z oliwek

2 łyżeczki soli

2 gałązki rozmarynu

½ główki czosnku, zmiażdżonej

½ szklanki posiekanych liści selera

instrukcje:

Zrób bemar, włóż do niego sous vide i ustaw na 180 F. Wlej oliwę z oliwek na krewetki. Umieść krewetki wraz z resztą wymienionych składników w zamkniętej próżniowo torebce. Spuścić powietrze, zamknąć i zanurzyć torebkę w łaźni wodnej i ustawić timer na 10 godzin.

zupa rybna

Czas przygotowania + gotowanie: 10 godzin 15 minut | Posiłki: 4

Składniki :

5 szklanek wody

½ funta filetów rybnych ze skórą

1 funt głowy ryby

5 średnich zielonych cebul

3 słodkie cebule

¼ funta czarnych wodorostów (Kombu)

instrukcje:

Zrób łaźnię wodną, umieść w niej urządzenie Sous Vide i ustaw temperaturę na 194 F. Wszystkie powyższe składniki rozłóż po równo do 2 torebek sous vide, złóż górną część torebki 2 razy. Umieść je w łaźni wodnej i przymocuj do pojemnika Sous Vide. Ustaw timer na 10 godzin.

Gdy czas się skończy, wyjmij torebki i przenieś składniki do garnka. Gotuj składniki na dużym ogniu przez 5 minut. Wyłącz ogrzewanie i filtr. Przechowywać w lodówce i stosować do 14 dni.

Sos musztardowy ze szparagami

Przygotowanie + czas gotowania: 30 minut | Posiłki: 2

Składniki

1 pęczek dużych szparagów

Sól i czarny pieprz do smaku

¼ szklanki oliwy z oliwek

1 łyżeczka musztardy Dijon

1 łyżeczka koperku

1 łyżeczka octu winnego z czerwonego wina

1 jajko na twardo, posiekane

Świeża pietruszka, posiekana

Instrukcje

Przygotuj bemar i włóż do niego sous vide. Ustaw na 186F.

Odetnij dolną część szparagów i wyrzuć.

Obierz dolną część łodygi i umieść ją w zamkniętej próżniowo torbie. Odpowietrzyć metodą wypierania wody, zamknąć worek i zanurzyć go w łaźni wodnej. Gotuj przez 15 minut.

Gdy czas się skończy, wyjmij torebkę i przenieś ją do łaźni lodowej. Oddziel soki z gotowania. W misce połącz oliwę z oliwek, ocet i musztardę; Dobrze wymieszać. Doprawiamy solą i przekładamy do słoiczka. Zakręcić i wstrząsać, aż dobrze się wymiesza. Posyp natką pietruszki, jajkiem i winegretem.

Zupa warzywna

Przygotowanie + czas gotowania: 12 godzin 35 minut | Porcje: 10)

Składniki :

1 ½ szklanki korzenia selera, pokrojonego w kostkę

1 ½ szklanki pokrojonych w kostkę porów

½ szklanki pokrojonego w kostkę kopru włoskiego

4 ząbki czosnku, zmiażdżone

1 łyżka oliwy z oliwek

6 szklanek wody

1 ½ szklanki grzybów

½ szklanki posiekanej natki pietruszki

1 łyżka ziaren czarnego pieprzu

1 liść laurowy

instrukcje:

Zrób bemar, włóż do niego sous vide i ustaw na 180 F. Rozgrzej piekarnik do 150 F. Włóż por, seler, koper włoski, czosnek i oliwę z oliwek do miski. Wyrzuć je. Ułóż je w naczyniu do pieczenia i włóż do piekarnika. Piecz przez 20 minut.

Pieczone warzywa wraz z sokiem, wodą, natką pietruszki, ziarnami pieprzu, grzybami i liściem laurowym umieść w worku próżniowym. Spuścić powietrze, zamknąć i zanurzyć torebkę w łaźni wodnej i ustawić timer na 12 godzin. Przykryj miskę łaźni wodnej folią, aby zmniejszyć parowanie i kontynuuj dodawanie wody do wanny, aby warzywa były przykryte.

Gdy licznik czasu się skończy, wyjmij i otwórz torebkę. Przefiltruj składniki. Przechowywać w lodówce i używać zamrożonego przez okres do 1 miesiąca.

Gdy licznik czasu się skończy, wyjmij i otwórz torebkę. Przefiltruj składniki. Przechowywać w lodówce i używać zamrożonego do 2 tygodni.

Ser czosnkowy Tabasco Edamame

Przygotowanie + czas gotowania: 1 godzina 6 minut | Posiłki: 4

Składniki

1 łyżka oliwy z oliwek

4 szklanki świeżych strąków edamame

1 łyżeczka soli

1 ząbek czosnku, posiekany

1 łyżka płatków czerwonej papryki

1 łyżka sosu Tabasco

Instrukcje

Przygotuj bemar i włóż do niego sous vide. Ustaw na 186F.

Podgrzej garnek z wodą na dużym ogniu i blanszuj garnki z edamame przez 60 sekund. Odcedź je i przenieś do łaźni lodowo-wodnej. Wymieszaj czosnek, płatki czerwonej papryki, sos Tabasco i oliwę z oliwek.

Umieść edamame w szczelnej torbie. Skropić sosem Tabasco. Odpowietrzyć metodą wypierania wody, zamknąć worek i zanurzyć go w łaźni wodnej. Gotuj przez 1 godzinę. Gdy czas się skończy, wyjmij torebkę, przenieś ją do miski i podawaj.

Ziołowe puree z groszku śnieżnego

Czas przygotowania + gotowanie: 55 minut | Posiłki: 6

Składniki

½ szklanki bulionu warzywnego

1 funt świeżego groszku śnieżnego

Skórka z 1 cytryny

2 łyżki posiekanej świeżej bazylii

1 łyżka oliwy z oliwek

Sól i czarny pieprz do smaku

2 łyżki posiekanego świeżego szczypiorku

2 łyżki posiekanej świeżej pietruszki

¾ łyżeczki czosnku w proszku

Instrukcje

Przygotuj bemar i włóż do niego sous vide. Ustaw na 186F.

Połącz groszek, skórkę z cytryny, bazylię, oliwę z oliwek, czarny pieprz, szczypiorek, pietruszkę, sól i proszek czosnkowy i umieść w zamykanej torebce. Odpowietrzyć metodą wypierania wody, zamknąć worek i zanurzyć go w łaźni wodnej. Gotuj przez 45 minut. Gdy timer się skończy, wyjmij torebkę, przenieś ją do blendera i dobrze wymieszaj.

Puree Ziemniaczane Z Szałwią

Czas przygotowania + gotowanie: 1h35 | Posiłki: 6

Składniki

¼ szklanki masła

12 słodkich ziemniaków, nieobranych

10 ząbków czosnku, posiekanych

4 łyżeczki soli

6 łyżek oliwy z oliwek

5 gałązek świeżej szałwii

1 łyżka papryki

Instrukcje

Przygotuj bemar i włóż do niego sous vide. Ustaw na 192F.

Ziemniaki, czosnek, sól, oliwę z oliwek i 2 lub 3 gałązki tymianku wiosennego wymieszać i umieścić w szczelnym worku. Odpowietrzyć metodą wypierania wody, zamknąć worek i zanurzyć go w łaźni wodnej. Gotuj przez 1 godzinę i 15 minut.

Rozgrzej piekarnik do 450 F. Gdy timer się zatrzyma, wyjmij ziemniaki i przenieś je do miski. Oddziel soki z gotowania.

Ziemniaki dobrze wymieszać z masłem i resztą szałwii. Przekładamy na blachę do pieczenia, którą wcześniej wyłożyliśmy folią aluminiową. W środku ziemniaka zrób wgłębienie i wlej sok z gotowania. Gotuj ziemniaki przez 10 minut, obracając je po 5 minutach. Odrzuć szałwię. Przełożyć na talerz i podawać posypane papryką.

Szparagi z tymiankiem i masłem serowym

Przygotowanie + czas gotowania: 21 minut | Posiłki: 6

Składniki

¼ szklanki startego sera Pecorino Romano

16 uncji świeżych szparagów, pokrojonych w plasterki

4 łyżki masła, pokrojonego w kostkę

Sól dla smaku

1 ząbek czosnku, posiekany

1 łyżka tymianku

Instrukcje

Przygotuj bemar i włóż do niego sous vide. Ustaw na 186F.

Umieść szparagi w worku próżniowym. Dodać kostki masła, czosnek, sól i tymianek. Odpowietrzyć metodą wypierania wody, zamknąć worek i zanurzyć go w łaźni wodnej. Gotuj przez 14 minut.

Gdy minutnik się skończy, wyjmij torebkę i przenieś szparagi na talerz. Skropić odrobiną soku z gotowania. Posyp serem Pecorino Romano.

Pyszny pasternak glazurowany miodem

Czas przygotowania + gotowanie: 1 godzina 8 minut | Posiłki: 4

Składniki

1 funt pasternaku, obranego i posiekanego

3 łyżki masła

2 łyżki miodu

1 łyżeczka oliwy z oliwek

Sól i czarny pieprz do smaku

1 łyżka posiekanej świeżej natki pietruszki

Instrukcje

Przygotuj bemar i włóż do niego sous vide. Ustaw na 186F.

Umieść pasternak, masło, miód, oliwę z oliwek, sól i pieprz w szczelnym worku. Odpowietrzyć metodą wypierania wody, zamknąć worek i zanurzyć go w łaźni wodnej. Gotuj przez 1 godzinę.

Rozgrzej patelnię na średnim ogniu. Gdy licznik czasu się skończy, wyjmij torebkę, przenieś zawartość do rondla i gotuj przez 2 minuty, aż płyn będzie lodowaty. Dodać natkę pietruszki i szybko wymieszać. Podawać.

Kanapka z kremem pomidorowym i serem

Czas przygotowania + gotowanie: 55 minut | Posiłki: 8)

Składniki

½ szklanki serka śmietankowego

2 kilogramy pomidorów pokrojonych w plasterki

Sól i czarny pieprz do smaku

2 łyżki oliwy z oliwek

2 ząbki czosnku, posiekane

½ łyżeczki posiekanej świeżej szałwii

⅛ łyżeczki czerwonej papryki

½ łyżeczki białego octu winnego

2 łyżki masła

4 kromki chleba

2 plastry sera Halloumi

Instrukcje

Przygotuj bemar i włóż do niego sous vide. Ustaw na 186 F. Umieść pomidory na durszlaku nad miską i dopraw solą. Dobrze wymieszaj. Pozostawić do ostygnięcia na 30 minut. Wyrzucić soki. Połącz oliwę z oliwek, czosnek, szałwię, czarny pieprz, sól i płatki chili.

Umieścić w zamykanej próżniowo torbie. Odpowietrzyć metodą wypierania wody, zamknąć worek i zanurzyć go w łaźni wodnej. Gotuj przez 40 minut.

Gdy timer się skończy, wyjmij torebkę i przenieś ją do blendera. Dodaj ocet i serek śmietankowy. Mieszaj, aż będzie gładka. Przełożyć na talerz i w razie potrzeby doprawić solą i pieprzem.

Aby przygotować batoniki serowe: Rozgrzej patelnię na średnim ogniu. Kromki chleba posmaruj masłem i włóż na patelnię. Na chlebie połóż plasterki sera i połóż je na innym chlebie posmarowanym masłem. Smaż przez 1-2 minuty. Powtórz z pozostałym chlebem. Kroić w kostkę. Podawać na gorącą zupę.

Sałatka z buraków klonowych z orzechami nerkowca i freskiem Queso

Czas przygotowania + gotowanie: 1h35 | Posiłki: 8)

Składniki

6 dużych buraków, obranych i pokrojonych na kawałki

Sól i czarny pieprz do smaku

3 łyżki syropu klonowego

2 łyżki masła

Skórka z 1 dużej pomarańczy

1 łyżka oliwy z oliwek

½ łyżeczki pieprzu cayenne

1 ½ szklanki orzechów nerkowca

6 szklanek rukoli

3 mandarynki, obrane i pokrojone na kawałki

1 szklanka pokruszonego queso fresco

Instrukcje

Przygotuj bemar i włóż do niego sous vide. Ustaw na 186F.

Umieść kawałki buraków w zamykanej próżniowo torbie. Doprawić solą i pieprzem. Dodać 2 łyżki syropu klonowego, masło i skórkę pomarańczową. Odpowietrzyć metodą wypierania wody, zamknąć worek i zanurzyć go w łaźni wodnej. Gotuj przez 1 godzinę i 15 minut.

Rozgrzej piekarnik do 350F.

Wymieszaj pozostały syrop klonowy, oliwę z oliwek, sól i pieprz cayenne. Dodaj orzechy nerkowca i dobrze wymieszaj. Umieść mieszaninę orzechów nerkowca na blasze do pieczenia, którą wcześniej pokryliśmy woskowaną papryką i piecz przez 10 minut. Odłóż na bok i ostudź.

Gdy licznik czasu się skończy, usuń buraki i wylej sok z gotowania. Połóż rukolę na talerzu, na wierzchu ułóż buraki i plasterki mandarynki. Do podania posypać freskiem queso i mieszanką orzechów nerkowca.

Kalafiorowy pieprz

Przygotowanie + czas gotowania: 52 minuty | Posiłki: 5

Składniki

½ szklanki startego sera Provolone

1 główka kalafiora, cięte kwiaty

2 ząbki czosnku, posiekane

Sól i czarny pieprz do smaku

2 łyżki masła

1 łyżka oliwy z oliwek

½ dużej czerwonej papryki, pokrojonej w paski

½ dużej żółtej papryki, pokrojonej w paski

½ dużej pomarańczowej papryki, pokrojonej w paski

Instrukcje

Przygotuj bemar i włóż do niego sous vide. Ustaw na 186F.

Wymieszaj dokładnie różyczki kalafiora, 1 ząbek czosnku, sól, pieprz, połowę masła i połowę oliwy z oliwek.

W drugiej misce wymieszaj paprykę, pozostały czosnek, pozostałą sól, pieprz, pozostałe masło i pozostałą oliwę z oliwek.

Umieść kalafior w szczelnej torbie. Umieść paprykę w innym woreczku zamykanym próżniowo. Odpowietrzyć metodą wypierania wody, zamknąć worki i zanurzyć je w kąpieli wodnej. Gotuj przez 40 minut.

Gdy licznik czasu się skończy, wyjmij torebki i przenieś zawartość do miski. Wyrzucić soki powstałe podczas gotowania. Wymieszaj warzywa i posyp serem Provolone.

Jesienna zupa dyniowa

Przygotowanie + czas gotowania: 2h20 | Posiłki: 6

Składniki

¾ szklanki gęstej śmietanki

1 dynia ozima, posiekana

1 duża gruszka

½ żółtej cebuli, pokrojonej w kostkę

3 gałązki świeżego tymianku

1 ząbek czosnku, posiekany

1 łyżeczka mielonego kminku

Sól i czarny pieprz do smaku

4 łyżki crème fraîche

Instrukcje

Przygotuj bemar i włóż do niego sous vide. Ustaw na 186F.

Wymieszaj dynię, gruszkę, cebulę, tymianek, czosnek, kminek i sól. Umieścić w zamykanej próżniowo torbie. Odpowietrzyć metodą wypierania wody, uszczelnić i zanurzyć w łaźni wodnej. Gotuj przez 2 godziny.

Gdy timer się skończy, wyjmij torebkę i przenieś całą zawartość do blendera. Zredukuj na gładkie puree. Dodaj śmietanę i dobrze

wymieszaj. Doprawić solą i pieprzem. Przełóż mieszaninę do misek
i udekoruj crème fraîche. Udekoruj kawałkami gruszki.

Zupa ziemniaczano-selerowo-porowa

Czas przygotowania + gotowanie: 2h15 | Posiłki: 8)

Składniki

8 łyżek masła

4 czerwone ziemniaki, pokrojone w plasterki

1 żółta cebula, pokrojona na ¼-calowe kawałki

1 łodyga selera, pokrojona na ½-calowe kawałki

4 szklanki pokrojonych w kostkę porów o średnicy ½ cala, tylko białe części

1 szklanka bulionu warzywnego

1 marchewka, posiekana

4 ząbki czosnku, posiekane

2 liście laurowe

Sól i czarny pieprz do smaku

2 szklanki gęstej śmietanki

¼ szklanki posiekanego świeżego szczypiorku

Instrukcje

Przygotuj bemar i włóż do niego sous vide. Ustaw na 186F.

Ziemniaki, marchewkę, cebulę, seler, por, bulion warzywny, masło, czosnek i liść laurowy włożyć do szczelnego worka. Odpowietrzyć metodą wypierania wody, zamknąć worek i zanurzyć go w łaźni wodnej. Gotuj przez 2 godziny.

Gdy timer się skończy, wyjmij torebkę i przenieś ją do blendera. Wyrzuć liście laurowe. Wymieszaj zawartość i dopraw solą i pieprzem. Powoli wlewaj śmietankę i mieszaj przez 2-3 minuty, aż masa będzie gładka. Przed podaniem odcedź zawartość i udekoruj szczypiorkiem.

Zielona sałatka z cytryną i żurawiną

Czas przygotowania + gotowanie: 15 minut | Posiłki: 6

Składniki

6 szklanek świeżej zielonej kapusty z łodygami

6 łyżek oliwy z oliwek

2 ząbki czosnku, zmiażdżone

4 łyżki soku z cytryny

½ łyżeczki soli

¾ szklanki suszonej żurawiny

Instrukcje

Przygotuj bemar i włóż do niego sous vide. Ustaw na 196 F. Wymieszaj warzywa z 2 łyżkami oliwy z oliwek. Umieść go w zamykanej próżniowo torbie. Odpowietrzyć metodą wypierania wody, zamknąć worek i zanurzyć go w łaźni wodnej. Gotuj przez 8 minut.

Wymieszaj pozostałą oliwę z oliwek, czosnek, sok z cytryny i sól. Gdy czas się skończy, wyjmij warzywa i przenieś je na talerz. Skropić winegretem. Udekoruj żurawiną.

Kukurydza cytrusowa z sosem pomidorowym

Czas przygotowania + gotowanie: 55 minut | Posiłki: 8)

Składniki

⅓ szklanki oliwy z oliwek

4 kłosy żółtej kukurydzy, łuskane

Sól i czarny pieprz do smaku

1 duży pomidor, pokrojony w plasterki

3 łyżki soku z cytryny

2 ząbki czosnku, posiekane

1 papryczka serrano, bez pestek

4 cebule, tylko zielone części, pokrojone w plasterki

½ pęczka świeżych liści kolendry, posiekanych

Instrukcje

Przygotuj bemar i włóż do niego sous vide. Ustaw na 186 F. Wrzuć kukurydzę z oliwą z oliwek i dopraw solą i pieprzem. Umieść je w szczelnym worku próżniowym. Odpowietrzyć metodą wypierania wody, zamknąć worek i zanurzyć go w łaźni wodnej. Gotuj przez 45 minut.

W międzyczasie w misce wymieszaj pomidory, sok z cytryny, czosnek, paprykę serrano, dymkę, kolendrę i pozostałą oliwę z oliwek. Rozgrzej grill do wysokiej temperatury.

Gdy licznik czasu się skończy, usuń ziarna kukurydzy, przenieś je na grill i gotuj przez 2-3 minuty. Ostudzić. Z kolby odetnij ziarna i polej je sosem pomidorowym. Podawać z rybą, sałatką lub chipsami tortilla.

Imbir Tamari Sezam Brukselka

Przygotowanie + czas gotowania: 43 minuty | Posiłki: 6

Składniki

1 ½ funta brukselki przekrojonej na pół

2 ząbki czosnku, posiekane

2 łyżki oleju roślinnego

1 łyżka sosu tamari

1 łyżeczka startego imbiru

¼ łyżeczki czerwonej papryki

¼ łyżeczki prażonego oleju sezamowego

1 łyżka nasion sezamu

Instrukcje

Przygotuj bemar i włóż do niego sous vide. Ustaw na 186 F. Rozgrzej patelnię na średnim ogniu i połącz czosnek, olej roślinny, sos tamari, imbir i czerwoną paprykę. Gotuj przez 4-5 minut. Odłożyć na bok.

Umieść brukselkę w szczelnym worku i zalej mieszanką tamari. Odpowietrzyć metodą wypierania wody, zamknąć worek i zanurzyć go w łaźni wodnej. Gotuj przez 30 minut.

Gdy licznik czasu się skończy, wyjmij torebkę i osusz ją ręcznikiem kuchennym. Zachowaj soki z gotowania. Kiełki przekładamy do miski i zalewamy olejem sezamowym. Kiełki pokroić na talerze i skropić sosem z gotowania. Udekoruj nasionami sezamu.

Sałatka z buraków i szpinaku

Czas przygotowania + gotowanie: 2h25 | Posiłki: 3

Składniki :

1 ¼ szklanki buraków, oczyszczonych i pokrojonych na małe kawałki

1 szklanka posiekanego świeżego szpinaku

2 łyżki oliwy z oliwek

1 łyżka soku z cytryny, świeżo wyciśniętego

1 łyżeczka octu balsamicznego

2 ząbki czosnku, zmiażdżone

1 łyżka masła

Sól i czarny pieprz do smaku

instrukcje:

Dobrze umyj i oczyść buraki. Pokrój na małe kawałki i włóż do zamkniętej próżniowo torebki razem z masłem i przeciśniętym czosnkiem. Gotuj sous vide przez 2 godziny w temperaturze 185 F. Pozostaw do ostygnięcia.

Zagotuj duży garnek wody i włóż do niego szpinak. Gotuj przez minutę, następnie zdejmij z ognia. Dobrze odcedź. Przenieść do zamykanej próżniowo torebki i gotować metodą sous vide przez 10 minut w temperaturze 180 F. Wyjąć z łaźni wodnej i pozostawić do całkowitego ostygnięcia. Włóż do dużej miski i dodaj ugotowane buraki. Doprawiamy solą, pieprzem, octem, oliwą i sokiem z cytryny. Natychmiast podawaj.

Liście czosnku z miętą

Przygotowanie + czas gotowania: 30 minut | Posiłki: 2

Składniki :

½ szklanki świeżo rozdartej cykorii

½ szklanki dzikich szparagów, drobno posiekanych

½ szklanki startego boćwiny

¼ szklanki świeżej mięty, posiekanej

¼ szklanki porwanej rukoli

2 ząbki czosnku, posiekane

½ łyżeczki soli

4 łyżki soku z cytryny, świeżo wyciśniętego

2 łyżki oliwy z oliwek

instrukcje:

Napełnij duży garnek osoloną wodą i dodaj warzywa. Gotuj przez 3 minuty. Wyjąć i odsączyć. Delikatnie ściśnij rękami i posiekaj warzywa ostrym nożem. Przenieść do dużej zamykanej próżniowo torby i gotować metodą sous vide przez 10 minut w temperaturze 162 F. Wyjąć z łaźni wodnej i odstawić.

Rozgrzej oliwę z oliwek na dużej patelni na średnim ogniu. Dodaj czosnek i smaż przez 1 minutę. Wymieszaj warzywa i dopraw solą. Skropić świeżym sokiem z cytryny i podawać.

Brukselka w białym winie

Przygotowanie + czas gotowania: 35 minut | Posiłki: 4

Składniki :

1 funt brukselki, startej

½ szklanki oliwy z oliwek z pierwszego tłoczenia

½ szklanki białego wina

Sól i czarny pieprz do smaku

2 łyżki świeżej pietruszki, drobno posiekanej

2 ząbki czosnku, zmiażdżone

instrukcje:

Umieść brukselkę w dużym worku próżniowym z trzema łyżkami oliwy z oliwek. Gotuj sous vide przez 15 minut w temperaturze 180 F. Wyjmij z torby.

Na dużej patelni z powłoką nieprzywierającą rozgrzej pozostałą oliwę z oliwek. Dodać brukselkę, zmiażdżony czosnek, sól i pieprz. Grilluj krótko i potrząśnij patelnią kilka razy, aby lekko się zarumieniła ze wszystkich stron. Wlać wino i doprowadzić do wrzenia. Dobrze wymieszaj i zdejmij z ognia. Posypać drobno posiekaną natką pietruszki i podawać.

Sałatka z buraków i koziego sera

Przygotowanie + czas gotowania: 2h20 | Posiłki: 3

Składniki :

1 funt buraków, pokrojonych na ćwiartki

½ szklanki blanszowanych migdałów

2 łyżki obranych orzechów laskowych

2 łyżki oliwy z oliwek

1 ząbek czosnku, drobno posiekany

1 łyżeczka kminku w proszku

1 łyżeczka skórki z cytryny

Sól dla smaku

½ szklanki sera koziego, pokruszonego

Świeże liście mięty do dekoracji

<u>Bandaż:</u>

2 łyżki oliwy z oliwek

1 łyżka octu jabłkowego

instrukcje:

Przygotuj łaźnię wodną, włóż do niej sous vide i ustaw na 183 stopnie.

Umieść buraki w zamkniętej próżniowo torbie. Odpowietrzyć metodą wypierania wody, zamknąć worek i zanurzyć go w łaźni wodnej i ustawić timer na 2 godziny. Gdy licznik czasu się skończy, wyjmij i otwórz torebkę. Zarezerwuj buraki.

Postaw patelnię na średnim ogniu, dodaj migdały i orzechy laskowe i smaż przez 3 minuty. Przełóż na deskę do krojenia i posiekaj. Na tę samą patelnię wlej oliwę, dodaj czosnek i kminek. Gotuj 30 sekund. Wyłącz ogień. Do miski dodaj kozi ser, mieszankę migdałów, skórkę z cytryny i mieszankę czosnku. Mieszać. Wymieszaj oliwę z octem i odłóż na bok. Podawać jako dodatek.

Zupa Kalafiorowo-Brokułowa

Czas przygotowania + gotowanie: 70 minut | Posiłki: 2

Składniki :

1 średni kalafior, podzielony na małe różyczki

½ funta brokułów, podzielonych na małe różyczki

1 zielona papryka, posiekana

1 cebula, pokrojona w kostkę

1 łyżeczka oliwy z oliwek

1 ząbek czosnku, zmiażdżony

½ szklanki bulionu warzywnego

½ szklanki odtłuszczonego mleka

instrukcje:

Przygotuj łaźnię wodną, umieść w niej urządzenie Sous Vide i ustaw na 185°F.

Do worka próżniowego włóż kalafior, brokuły, paprykę i białą cebulę, zalej oliwą. Wypuścić powietrze metodą wypierania wody i zamknąć worek. Zanurz torbę w łaźni wodnej. Ustaw timer na 50 minut i gotuj.

Gdy odliczanie się skończy, wyjmij torebkę i otwórz ją. Warzywa włożyć do blendera, dodać czosnek i mleko i zmiksować na gładką masę.

Postaw rondelek na średnim ogniu, dodaj przecier warzywny i bazę warzywną i gotuj na wolnym ogniu przez 3 minuty. Doprawić solą i pieprzem. Podawać na gorąco jako dodatek.

Groszek z masłem miętowym

Czas przygotowania + gotowanie: 25 minut | Posiłki: 2

Składniki :

1 łyżka masła

½ szklanki groszku śnieżnego

1 łyżka posiekanych liści mięty

Szczypta soli

Cukier do smaku

instrukcje:

Zrób bemar, włóż do niego Sous Vide i ustaw na 183 F. Umieść wszystkie składniki w zamykanej próżniowo torebce. Wypuścić powietrze metodą wyporu wody, zamknąć i zanurzyć w wannie. Gotuj przez 15 minut.

Gdy licznik czasu się skończy, wyjmij i otwórz torebkę. Umieść składniki na talerzu do serwowania. Podawać jako przyprawę.

Brukselka w słodkim syropie

Czas przygotowania + gotowanie: 75 minut | Posiłki: 3

Składniki :

4 funty brukselki, przekrojonej na pół

3 łyżki oliwy z oliwek

¾ szklanki sosu rybnego

3 łyżki wody

2 łyżki cukru

1 ½ łyżki octu ryżowego

2 łyżeczki soku z limonki

3 czerwone papryki, pokrojone w cienkie plasterki

2 ząbki czosnku, posiekane

instrukcje:

Zrób łaźnię wodną, włóż do niej sous vide i ustaw temperaturę na 183 F. Brukselkę, sól i olej wsyp do zamkniętego próżniowo worka, usuń powietrze metodą wyporową, podlej wodę, zamknij i zanurz torebkę w wodzie wanna. Ustaw timer na 50 minut.

Gdy licznik czasu się skończy, wyjmij torebkę, otwórz i przenieś brukselkę na wyłożoną folią blachę do pieczenia. Rozgrzej mocno grill, połóż na nim blachę do pieczenia i piecz przez 6 minut. Połącz brukselkę w misce.

Przygotuj sos: do miski dodaj pozostałe wskazane składniki do gotowania i wymieszaj. Do brukselki dodać sos i równomiernie wymieszać. Podawać jako dodatek.

Rzodkiewka z serkiem ziołowym

Czas przygotowania + gotowanie: 1h15 | Posiłki: 3

Składniki :

10 uncji koziego sera

4 uncje sera śmietankowego

¼ szklanki czerwonej papryki, posiekanej

3 łyżki pesto

3 łyżeczki soku z cytryny

2 łyżki natki pietruszki

2 ząbki czosnku

9 dużych rzodkiewek pokrojonych w plasterki.

instrukcje:

Przygotuj łaźnię wodną, umieść w niej sous vide i ustaw temperaturę na 181 F. Umieść plasterki rzodkiewki w zamykanej próżniowo torbie, wypuść powietrze i zamknij. Zanurz torbę w łaźni wodnej i ustaw timer na 1 godzinę.

Pozostałe wymienione składniki wymieszaj w misce i wlej mieszaninę do rękawa cukierniczego. Odłożyć na bok. Gdy odliczanie się skończy, wyjmij torebkę i otwórz ją. Ułóż plasterki rzodkiewki na talerzu i posyp każdy plasterek mieszanką sera. Podawać jako przekąskę.

Kapusta duszona balsamicznie

Czas przygotowania + gotowanie: 1h45 | Posiłki: 3

Składniki :

1 funt czerwonej kapusty, pokrojonej na ćwiartki i wydrążonej

1 szalotka, pokrojona w cienkie plasterki

2 ząbki czosnku, pokrojone w cienkie plasterki

½ łyżki octu balsamicznego

½ łyżki niesolonego masła

Sól dla smaku

instrukcje:

Zrób bemar, włóż do niego sous vide i ustaw temperaturę na 185 F. Podziel kapustę i pozostałe składniki do 2 zamykanych próżniowo torebek. Wypuścić powietrze metodą wypierania wody i zamknąć worki. Zanurz je w łaźni wodnej i ustaw timer na gotowanie przez 1 godzinę 30.

Gdy odliczanie się skończy, wyjmij i otwórz torby. Połóż jarmuż wraz z sokiem na talerzach. Doprawić do smaku solą i octem. Podawać jako dodatek.

Gotowany pomidor

Przygotowanie + czas gotowania: 45 minut | Posiłki: 3

Składniki :

4 szklanki pomidorków koktajlowych

5 łyżek oliwy z oliwek

½ łyżki posiekanych świeżych liści rozmarynu

½ łyżki posiekanych listków świeżego tymianku

Sól i czarny pieprz do smaku

instrukcje:

Przygotuj łaźnię wodną, umieść w niej urządzenie Sous Vide i ustaw temperaturę na 131 F. Rozłóż wymienione składniki do 2 zamkniętych próżniowo torebek, dopraw solą i pieprzem. Wypuścić powietrze metodą wypierania wody i zamknąć worki. Umieść je w łaźni wodnej i ustaw timer na 30 minut.

Gdy odliczanie się skończy, wyjmij torby i otwórz je. Przełóż pomidory wraz z sokiem do miski. Podawać jako dodatek.

Ratatuj

Czas przygotowania + gotowanie: 2h10 | Posiłki: 3

Składniki :

2 cukinie, pokrojone w plasterki

2 pomidory, posiekane

2 czerwone papryki, pozbawione nasion i pokrojone w 2-calowe kostki

1 mały bakłażan, pokrojony w plasterki

1 cebula, pokrojona w 1-calową kostkę

Sól dla smaku

½ płatków czerwonej papryki

8 ząbków czosnku, zmiażdżonych

2 ½ łyżki oliwy z oliwek

5 gałązek + 2 gałązki liści bazylii

instrukcje:

Przygotuj łaźnię wodną, umieść w niej sous vide i ustaw temperaturę na 185 F. Umieść pomidory, cukinię, cebulę, paprykę i bakłażana, każde w 5 oddzielnych, zamykanych próżniowo torebkach. Do każdej torebki włóż czosnek, liście bazylii i 1 łyżkę oliwy z oliwek. Spuścić powietrze metodą wypierania wody, zamknąć worki i zanurzyć je w łaźni wodnej i ustawić timer na 20 minut.

Gdy odliczanie się skończy, wyjmij torebkę pomidorów. Odłożyć na bok. Zresetuj timer na 30 minut. Gdy minutnik się skończy, usuń torebki z cukinią i czerwoną papryką. Odłożyć na bok. Zresetuj timer na 1 godzinę.

Gdy licznik czasu się skończy, usuń pozostałe torebki i wyrzuć liście czosnku i bazylii. Do miski dodajemy pomidory i lekko je rozgniatamy łyżką. Pozostałe warzywa pokroić i dodać do pomidorów. Doprawić solą, płatkami czerwonej papryki, pozostałą oliwą z oliwek i bazylią. Podawać jako dodatek.

Zupa pomidorowa

Czas przygotowania + gotowanie: 60 minut | Posiłki: 3

Składniki :

2 funty pomidorów, przekrojonych na pół

1 cebula, pokrojona w kostkę

1 łodyga selera, posiekana

3 łyżki oliwy z oliwek

1 łyżka przecieru pomidorowego

Szczypta cukru

1 liść laurowy

instrukcje:

Przygotuj łaźnię wodną, umieść w niej urządzenie Sous Vide i ustaw temperaturę na 185 F. Wszystkie wymienione składniki oprócz soli umieść w misce i wymieszaj. Umieść je w szczelnym worku próżniowym. Odpowietrzyć metodą wypierania wody, zamknąć worek i zanurzyć go w łaźni wodnej. Ustaw timer na 40 minut.

Gdy odliczanie się skończy, wyjmij torebkę i otwórz ją. Wymieszaj składniki za pomocą blendera. Wlać mieszaninę pomidorów do rondla i postawić na średnim ogniu. Dopraw solą i gotuj przez 10 minut. Zupę przelać do misek i ostudzić. Podawać na gorąco z dodatkiem chleba o niskiej zawartości węglowodanów.

Gotowane buraki

Czas przygotowania + gotowanie: 1h15 | Posiłki: 3

Składniki :

2 buraki, obrane i pokrojone na 1 cm kawałki

⅓ szklanki octu balsamicznego

½ łyżeczki oliwy z oliwek

⅓ szklanki prażonych orzechów

⅓ szklanki startego sera Grana Padano

Sól i czarny pieprz do smaku

instrukcje:

Przygotuj łaźnię wodną, umieść w niej urządzenie Sous Vide i ustaw na 183 F. Umieść buraki, ocet i sól w zamykanej próżniowo torbie. Odpowietrzyć metodą wypierania wody, zamknąć worek i zanurzyć go w łaźni wodnej. Ustaw timer na 1 godzinę.

Gdy licznik czasu się skończy, wyjmij i otwórz torebkę. Buraki przełożyć do miski, dodać oliwę i wymieszać. Posyp orzechami i serem na wierzchu. Podawać jako dodatek.

Lasagne z Bakłażanem

Przygotowanie + czas gotowania: 3 godziny | Posiłki: 3

Składniki :

1 funt bakłażana, obranego i pokrojonego w cienkie plasterki

1 łyżeczka soli

1 szklanka sosu pomidorowego, podzielona na 3 części

2 uncje świeżej mozzarelli, pokrojonej w cienkie plasterki

1 uncja startego parmezanu

2 uncje mieszanki serów włoskich, startych

3 łyżki posiekanej świeżej bazylii

<u>Bandaż:</u>

½ łyżki orzechów makadamia, uprażonych i posiekanych

1 uncja startego parmezanu

1 uncja mieszanki serów włoskich, startych

instrukcje:

Przygotuj bemar, włóż do niego urządzenie Sous Vide i ustaw na 183 F. Dopraw bakłażana solą. Odłóż torebkę zamykaną próżniowo, ułóż warstwę połowy bakłażana, posmaruj porcją sosu pomidorowego, ułóż mozzarellę, następnie parmezan, następnie mieszankę serową, a następnie bazylię. Polać kolejną porcją sosu pomidorowego.

Zamknij ostrożnie torebkę metodą wypierania wody, starając się, aby była możliwie płaska. Zanurz torbę na płasko w łaźni wodnej. Ustaw timer na 2 godziny i gotuj. W ciągu pierwszych 30 minut wypuść powietrze 2-3 razy, ponieważ bakłażany podczas gotowania wydzielają gaz.

Gdy licznik czasu się zatrzyma, ostrożnie wyjmij torebkę i za pomocą młotka wciśnij jeden róg torebki, aby uwolnić płyn z torebki. Połóż torebkę płasko na talerzu, odetnij górę i delikatnie zsuń lasagne na talerz. Na wierzch połóż pozostały sos pomidorowy, orzechy makadamia, mieszankę serową i parmezan. Rozpuść ser i przysmaż go na rumiano za pomocą palnika.

Zupa grzybowa

Czas przygotowania + gotowanie: 50 minut | Posiłki: 3

Składniki :

1 funt mieszanych grzybów

2 cebule, pokrojone w kostkę

3 ząbki czosnku

2 gałązki natki pietruszki, posiekane

2 łyżki sproszkowanego tymianku

2 łyżki oliwy z oliwek

2 szklanki śmietanki

2 szklanki bulionu warzywnego

instrukcje:

Przygotuj łaźnię wodną, umieść w niej urządzenie Sous Vide i ustaw na 185 F. Umieść grzyby, cebulę i seler w zamykanej próżniowo torbie. Odpowietrzyć metodą wypierania wody, zamknąć worek i zanurzyć go w łaźni wodnej. Ustaw timer na 30 minut. Gdy licznik czasu się skończy, wyjmij i otwórz torebkę.

Połącz składniki z torebki w blenderze. Postaw patelnię na średnim ogniu, dodaj oliwę z oliwek. Gdy zacznie się nagrzewać dodać przecier grzybowy i resztę składników oprócz śmietanki. Gotuj przez 10 minut. Wyłącz ogień i dodaj śmietanę. Dobrze wymieszaj i podawaj.

Wegetariańskie risotto z parmezanem

Przygotowanie + czas gotowania: 65 minut | Posiłki: 5

Składniki :

2 szklanki ryżu Arborio

½ szklanki zwykłego białego ryżu

1 szklanka bulionu warzywnego

1 szklanka wody

6 do 8 uncji startego parmezanu

1 cebula, posiekana

1 łyżka masła

Sól i czarny pieprz do smaku

instrukcje:

Przygotuj bemar i włóż do niego sous vide. Ustaw na 185 F. Rozpuść masło na patelni na średnim ogniu. Dodać cebulę, ryż i przyprawy i smażyć kilka minut. Przełożyć do zamykanej próżniowo torebki. Odpowietrzyć metodą wypierania wody, zamknąć worek i zanurzyć go w łaźni wodnej. Ustaw timer na 50 minut. Gdy minutnik się skończy, wyjmij torebkę i dodaj parmezan.

Zielona zupa

Czas przygotowania + gotowanie: 55 minut | Posiłki: 3

Składniki :

4 szklanki bulionu warzywnego

1 łyżka oliwy z oliwek

1 ząbek czosnku, zmiażdżony

1 calowy imbir, pokrojony w plasterki

1 łyżeczka sproszkowanej kolendry

1 duża cukinia, pokrojona w kostkę

3 szklanki jarmużu

2 szklanki brokułów, podzielonych na różyczki

1 limonka, wyciśnięta i obrana

instrukcje:

Przygotuj łaźnię wodną, umieść w niej sous vide i ustaw temperaturę na 185 F. Umieść brokuły, cukinię, jarmuż i pietruszkę w zamykanej próżniowo torbie. Odpowietrzyć metodą wypierania wody, zamknąć worek i zanurzyć go w łaźni wodnej. Ustaw timer na 30 minut.

Gdy licznik czasu się skończy, wyjmij i otwórz torebkę. Dodaj ugotowane na parze składniki do blendera wraz z czosnkiem i imbirem. Zredukuj na gładkie puree. Do rondla wlać zielone puree i dodać resztę wskazanych składników. Postaw patelnię na średnim ogniu i gotuj przez 10 minut. Podawać jako dodatek.

Mieszana Zupa Jarzynowa

Czas przygotowania + gotowanie: 55 minut | Posiłki: 3

Składniki :

1 słodka cebula, pokrojona w plasterki

1 łyżeczka czosnku w proszku

2 szklanki cukinii, pokrojonej w małą kostkę

3 uncje skórki parmezanu

2 szklanki szpinaku baby

2 łyżki oliwy z oliwek

1 łyżeczka czerwonej papryki

2 szklanki bulionu warzywnego

1 gałązka rozmarynu

Sól dla smaku

instrukcje:

Przygotuj łaźnię wodną, umieść w niej urządzenie Sous Vide i ustaw temperaturę na 185 F. Wymieszaj wszystkie składniki oprócz czosnku i soli z oliwą z oliwek i umieść je w zamykanej próżniowo torbie. Odpowietrzyć metodą wypierania wody, zamknąć worek i zanurzyć go w łaźni wodnej. Ustaw timer na 30 minut.

Gdy licznik czasu się skończy, wyjmij i otwórz torebkę. Wyrzuć rozmaryn. Do rondelka wsyp pozostałe składniki, dodaj sól i proszek czosnkowy. Postaw patelnię na średnim ogniu i gotuj przez 10 minut. Podawać jako dodatek.

Wegetariańskie wontony z wędzoną papryką

Czas przygotowania + gotowanie: 5 godzin 15 minut | Posiłki: 9)

Składniki :

10-uncjowe opakowania wontonu

10 uncji wybranych warzyw, startych

2 jajka

1 łyżeczka oliwy z oliwek

½ łyżeczki chili w proszku

½ łyżeczki wędzonej papryki

½ łyżeczki czosnku w proszku

Sól i czarny pieprz do smaku

instrukcje:

Przygotuj bemar i włóż do niego sous vide. Ustaw na 165F.

Jajka ubić z przyprawami. Dodać warzywa i olej. Wlać mieszaninę do szczelnego worka próżniowego. Odpowietrzyć metodą wypierania wody, zamknąć worek i zanurzyć go w łaźni wodnej. Ustaw timer na 5 godzin.

Gdy czas się skończy, wyjmij torebkę i przenieś ją do miski. Podzielić mieszaninę pomiędzy ravioli, zwinąć i docisnąć brzegi, aby je złączyć. Gotuj we wrzącej wodzie przez 4 minuty na średnim ogniu.

Danie miso z komosy ryżowej i selera

Czas przygotowania + gotowanie: 2h25 | Posiłki: 6

Składniki

1 seler, posiekany

1 łyżka pasty miso

6 ząbków czosnku

5 gałązek tymianku

1 łyżeczka proszku cebulowego

3 łyżki serka ricotta

1 łyżka nasion gorczycy

Sok z ¼ dużej cytryny

5 pomidorków koktajlowych, grubo posiekanych

Posiekana pietruszka

8 uncji wegańskiego masła

8 uncji ugotowanej komosy ryżowej

Instrukcje

Przygotuj bemar i włóż do niego sous vide. Ustaw na 186F.

W międzyczasie rozgrzej patelnię na średnim ogniu i dodaj czosnek, tymianek i nasiona gorczycy. Gotuj przez około 2 minuty. Dodaj masło i mieszaj, aż uzyskasz złoty kolor. Wymieszaj z proszkiem cebulowym i odłóż na bok. Ostudzić do temperatury pokojowej. Umieść warzywa w zamkniętej próżniowo torbie. Odpowietrzyć metodą wypierania wody, zamknąć worek i zanurzyć go w łaźni wodnej. Gotuj przez 2 godziny.

Gdy czas się skończy, wyjmij torebkę i przenieś ją do garnka i mieszaj, aż uzyskasz złoty kolor. Dopraw miso. Odłożyć na bok. Rozgrzej patelnię na średnim ogniu, dodaj pomidory, musztardę i komosę ryżową. Wymieszaj z sokiem z cytryny i natką pietruszki. Podawać z mieszanką zielonych warzyw i pomidorów.

Sałatka z rzodkiewki i bazylii

Czas przygotowania + gotowanie: 50 minut | Posiłki: 2

Składniki :

20 małych rzodkiewek pokrojonych w plasterki

1 łyżka białego octu winnego

¼ szklanki posiekanej bazylii

½ szklanki sera feta

1 łyżeczka cukru

1 łyżka wody

¼ łyżeczki soli

instrukcje:

Przygotuj bemar i włóż do niego sous vide. Ustaw na 200 F. Umieść rzodkiewki w dużej zamykanej torbie i dodaj ocet, cukier, sól i wodę. Wstrząsnąć, aby połączyć. Odpowietrzyć metodą wypierania wody, uszczelnić i zanurzyć w łaźni wodnej. Gotuj przez 30 minut. Gdy licznik czasu się zatrzyma, wyjmij torebkę i pozostaw ją do ostygnięcia w łaźni lodowej. Podawać na gorąco. Podawać posypane bazylią i fetą.

Mieszanka pieprzu

Przygotowanie + czas gotowania: 35 minut | Posiłki: 2

Składniki :

1 czerwona papryka, posiekana

1 żółta papryka, posiekana

1 zielona papryka, posiekana

1 duża pomarańczowa papryka, posiekana

Sól dla smaku

instrukcje:

Zrób łaźnię wodną, włóż do niej sous vide i ustaw na 183 F. Umieść wszystkie papryki wraz z solą w zamykanym próżniowo worku. Odpowietrzyć metodą wypierania wody, uszczelnić i zanurzyć w łaźni wodnej. Ustaw timer na 15 minut. Gdy licznik czasu się skończy, wyjmij i otwórz torebkę. Jako dodatek podawać paprykę z sokiem.

Quinoa Kurkuma Kolendra

Przygotowanie + czas gotowania: 105 minut | Posiłki: 6

Składniki :

3 szklanki komosy ryżowej

2 szklanki gęstej śmietanki

½ szklanki wody

3 łyżki liści kolendry

2 łyżeczki sproszkowanej kurkumy

1 łyżka masła

½ łyżki soli

instrukcje:

Przygotuj bemar i włóż do niego sous vide. Ustaw na 180F.

Wszystkie składniki umieść w zamykanej próżniowo torbie. Mieszaj, aby dobrze wymieszać. Odpowietrzyć metodą wypierania wody, zamknąć worek i zanurzyć go w łaźni wodnej. Ustaw timer na 90 minut. Gdy odliczanie się skończy, wyjmij torebkę. Podawać na gorąco.

Biała fasola oregano z

Czas przygotowania + gotowanie: 5 godzin 15 minut | Posiłki: 8

Składniki :

12 uncji białej fasoli

1 szklanka pasty pomidorowej

8 uncji bulionu warzywnego

1 łyżka cukru

3 łyżki masła

1 szklanka posiekanej cebuli

1 papryka, posiekana

1 łyżka oregano

2 łyżeczki papryki

instrukcje:

Przygotuj bemar i włóż do niego sous vide. Ustaw na 185F.

Wymieszaj wszystkie składniki w szczelnym worku próżniowym. Mieszaj do połączenia. Odpowietrzyć metodą wypierania wody, zamknąć worek i zanurzyć go w łaźni wodnej. Ustaw timer na 5 godzin. Gdy odliczanie się skończy, wyjmij torebkę. Podawać na gorąco.

Sałatka z ziemniaków i daktyli

Czas przygotowania + gotowanie: 3h15 | Posiłki: 6

Składniki :

2 funty ziemniaków, pokrojonych w kostkę

5 uncji posiekanych daktyli

½ szklanki pokruszonego sera koziego

1 łyżeczka oregano

1 łyżka oliwy z oliwek

1 łyżka soku z cytryny

3 łyżki masła

1 łyżeczka kolendry

1 łyżeczka soli

1 łyżka posiekanej natki pietruszki

¼ łyżeczki czosnku w proszku

instrukcje:

Przygotuj bemar i włóż do niego sous vide. Ustaw na 190F.

Umieść ziemniaki, masło, daktyle, oregano, kolendrę i sól w szczelnym worku. Odpowietrzyć metodą wypierania wody, zamknąć worek i zanurzyć go w łaźni wodnej. Ustaw timer na 3 godziny.

Gdy czas się skończy, wyjmij torebkę i przenieś ją do miski. Wymieszaj oliwę z oliwek, sok z cytryny, natkę pietruszki i proszek czosnkowy i skrop sałatkę. Jeśli używasz sera, posyp go na wierzchu.

Nasiona papryki

Czas przygotowania + gotowanie: 3h10 | Posiłki: 4

Składniki :

10 uncji semoliny

4 łyżki masła

1 ½ łyżeczki papryki

10 uncji wody

½ łyżeczki soli czosnkowej

instrukcje:

Przygotuj bemar i włóż do niego sous vide. Ustaw na 180F.

Wszystkie składniki umieść w zamykanej próżniowo torbie. Mieszamy łyżką do dobrego połączenia. Odpowietrzyć metodą wypierania wody, zamknąć worek i zanurzyć go w łaźni wodnej. Ustaw timer na 3 godziny. Gdy odliczanie się skończy, wyjmij torebkę. Rozdzielić pomiędzy 4 miski.

Mieszanka warzyw winogronowych

Czas przygotowania + gotowanie 105 minut | Posiłki: 9)

Składniki :

8 słodkich ziemniaków, pokrojonych w plasterki

2 czerwone cebule, pokrojone w plasterki

4 uncje pomidorów, puree

1 łyżeczka posiekanego czosnku

Sól i czarny pieprz do smaku

1 łyżeczka soku winogronowego

instrukcje:

Przygotuj bemar i włóż do niego sous vide. Ustaw na 183 F. Umieść wszystkie składniki z ¼ szklanki wody w zamykanej próżniowo torbie. Odpowietrzyć metodą wypierania wody, zamknąć worek i zanurzyć go w łaźni wodnej. Ustaw timer na 90 minut. Gdy odliczanie się skończy, wyjmij torebkę. Podawać na gorąco.

Miętowa miska z ciecierzycą i grzybami

Czas przygotowania + gotowanie: 4 godziny 15 minut | Posiłki: 8

Składniki :

9 uncji grzybów

3 szklanki bulionu warzywnego

1 funt ciecierzycy namoczonej przez noc i odsączonej

1 łyżeczka masła

1 łyżeczka papryki

1 łyżka musztardy

2 łyżki soku pomidorowego

1 łyżeczka soli

¼ szklanki posiekanej mięty

1 łyżka oliwy z oliwek

instrukcje:

Przygotuj bemar i włóż do niego sous vide. Ustaw na 195 F. Umieść zupę i ciecierzycę w zamkniętej próżniowo torbie. Odpowietrzyć metodą wypierania wody, zamknąć worek i zanurzyć go w łaźni wodnej. Ustaw timer na 4 godziny.

Gdy odliczanie się skończy, wyjmij torebkę. Rozgrzej olej na patelni na średnim ogniu. Dodać grzyby, sok pomidorowy, paprykę, sól i musztardę. Gotuj 4 minuty. Odcedź ciecierzycę i dodaj ją na patelnię. Gotuj przez kolejne 4 minuty. Dodaj masło i miętę.

Caponata warzywna

Czas przygotowania + gotowanie: 2h15 | Posiłki: 4

Składniki :

4 pomidory z puszki, rozgniecione

2 papryki, pokrojone w plasterki

2 cukinie, pokrojone w plasterki

½ posiekanej cebuli

2 bakłażany, pokrojone w plasterki

6 ząbków czosnku, posiekanych

2 łyżki oliwy z oliwek

6 liści bazylii

Sól i czarny pieprz do smaku

instrukcje:

Przygotuj bemar i włóż do niego sous vide. Ustaw na 185 F. Połącz wszystkie składniki w zamykanej próżniowo torbie. Odpowietrzyć metodą wypierania wody, zamknąć worek i zanurzyć go w łaźni wodnej. Ustaw timer na 2 godziny. Gdy timer się skończy, przenieś do naczynia do serwowania.

Gulasz z boćwiny i limonki

Czas przygotowania + gotowanie: 25 minut | Posiłki: 2

2 funty boćwiny

4 łyżki oliwy z oliwek z pierwszego tłoczenia

2 ząbki czosnku, zmiażdżone

1 cała limonka, wyciśnięta

2 łyżki soli morskiej

instrukcje:

Boćwinę dokładnie opłucz i odsącz na durszlaku. Drobno posiekaj ostrym nożem i przełóż do dużej miski. Wymieszaj 4 łyżki oliwy z oliwek, zmiażdżony czosnek, sok z limonki i sól morską. Przełóż do dużej zamykanej próżniowo torby i zamknij. Gotuj sous vide przez 10 minut w temperaturze 180 F.

Puree z warzyw korzeniowych

Czas przygotowania + gotowanie: 3h15 | Posiłki: 4

Składniki :

2 pasternak, obrany i posiekany

1 rzepa, obrana i pokrojona w plasterki

1 duży słodki ziemniak, obrany i pokrojony w plasterki

1 łyżka masła

Sól i czarny pieprz do smaku

Szczypta gałki muszkatołowej

¼ łyżeczki tymianku

instrukcje:

Przygotuj bemar i włóż do niego sous vide. Ustaw na 185 F. Umieść warzywa w zamykanej próżniowo torbie. Odpowietrzyć metodą wypierania wody, uszczelnić i zanurzyć w łaźni wodnej. Gotuj przez 3 godziny. Po zakończeniu wyjmij torebkę i rozgnieć warzywa tłuczkiem do ziemniaków. Wymieszaj pozostałe składniki.

Kapusta i papryka w sosie pomidorowym

Przygotowanie + czas gotowania: 4h45 | Posiłki: 6

Składniki :

2 funty kapusty, posiekanej

1 szklanka pokrojonej w kostkę papryki

1 szklanka pasty pomidorowej

2 cebule, pokrojone w plasterki

1 łyżka cukru

Sól i czarny pieprz do smaku

1 łyżka kolendry

1 łyżka oliwy z oliwek

instrukcje:

Przygotuj bemar i włóż do niego sous vide. Ustaw na 184F.

Kapustę i cebulę włóż do worka próżniowego i dopraw przyprawami. Dodaj koncentrat pomidorowy i wymieszaj, aby dobrze się połączyć. Odpowietrzyć metodą wypierania wody, zamknąć worek i zanurzyć go w łaźni wodnej. Ustaw timer na 4 godziny i 30 minut. Gdy odliczanie się skończy, wyjmij torebkę.

Danie z soczewicy i musztardy pomidorowej

Przygotowanie + czas gotowania: 105 minut | Posiłki: 8

Składniki :

2 szklanki soczewicy

1 puszka pomidorów pokrojonych w kostkę, bez odsączenia

1 szklanka zielonego groszku

3 szklanki bulionu warzywnego

3 szklanki wody

1 cebula, posiekana

1 marchewka, pokrojona w plasterki

1 łyżka masła

2 łyżki musztardy

1 łyżeczka czerwonej papryki

2 łyżki soku z limonki

Sól i czarny pieprz do smaku

instrukcje:

Przygotuj bemar i włóż do niego sous vide. Ustaw na 192 F. Umieść wszystkie składniki w dużej zamykanej próżniowo torbie. Wypuścić powietrze metodą wyporu wody, zamknąć i zanurzyć w wannie. Gotuj przez 90 minut. Gdy licznik czasu się skończy, wyjmij torebkę, przenieś do dużej miski i wymieszaj przed podaniem.

Pilaw ryżowy z papryką i rodzynkami

Czas przygotowania + gotowanie: 3h10 | Posiłki: 6

Składniki :

2 szklanki białego ryżu

2 szklanki bulionu warzywnego

⅔ szklanki wody

3 łyżki posiekanych rodzynek

2 łyżki kwaśnej śmietany

½ szklanki posiekanej czerwonej cebuli

1 papryka, posiekana

Sól i czarny pieprz do smaku

1 łyżeczka tymianku

instrukcje:

Przygotuj bemar i włóż do niego sous vide. Ustaw na 180F.

Wszystkie składniki umieść w zamykanej próżniowo torbie. Mieszaj, aby dobrze się połączyć. Odpowietrzyć metodą wypierania wody, zamknąć worek i zanurzyć go w łaźni wodnej. Ustaw timer na 3 godziny. Gdy odliczanie się skończy, wyjmij torebkę. Podawać na gorąco.

Zupa jogurtowo-kminkowa

Przygotowanie + czas gotowania: 2h20 | Posiłki: 4

Składniki

1 łyżka oliwy z oliwek

1 ½ łyżeczki nasion kminku

1 średnia cebula, pokrojona w kostkę

Przekrój na pół i cienko pokrój 1 por

Sól dla smaku

2 funty posiekanej marchewki

1 liść laurowy

3 szklanki bulionu warzywnego

½ szklanki jogurtu z pełnego mleka

ocet jabłkowy

Świeże liście koperku

Instrukcje

Przygotuj bemar i włóż do niego sous vide. Ustaw na 186 F. Rozgrzej oliwę z oliwek na dużej patelni na średnim ogniu i dodaj nasiona kminku. Smażymy je przez 1 minutę. Dodaj cebulę, sól i por i smaż przez 5 do 7 minut lub do momentu, aż zmiękną. W dużej misce połącz cebulę, liść laurowy, marchewkę i 1/2 łyżki soli.

Rozdzielić mieszaninę do zamkniętej próżniowo torebki. Odpowietrzyć metodą wypierania wody, zamknąć worek i zanurzyć go w łaźni wodnej. Gotuj przez 2 godziny.

Gdy czas się skończy, wyjmij torebkę i wlej do miski. Dodać bulion warzywny i wymieszać. Dodaj jogurt. Zupę dopraw solą i octem i podawaj udekorowaną liśćmi koperku.

Letnia dynia z masłem

Czas przygotowania + gotowanie: 1h35 | Posiłki: 4

Składniki

2 łyżki masła

¾ szklanki posiekanej cebuli

1 ½ funta letniej dyni, pokrojonej w plasterki

Sól i czarny pieprz do smaku

½ szklanki pełnego mleka

2 duże całe jajka

½ szklanki pokruszonych zwykłych chipsów

Instrukcje

Przygotuj bemar i włóż do niego sous vide. Ustaw na 175F

W międzyczasie natłuść kilka szklanek. Rozgrzej dużą patelnię na średnim ogniu i rozpuść masło. Dodać cebulę i smażyć przez 7 minut. Dodać dynię, sól i pieprz i smażyć przez 10 minut. Rozdzielić mieszaninę do szklanek. Studzimy i odstawiamy.

W misce wymieszaj mleko, sól i jajka. Doprawić pieprzem. Powstałą mieszaninę przelać do szklanek, zamknąć i zanurzyć w łaźni wodnej. Gotuj przez 60 minut. Gdy licznik czasu się skończy, wyjmij słoiki i pozostaw je do ostygnięcia na 5 minut. Podawać z chipsami.

Curry chutney nektarynowy

Czas przygotowania + gotowanie: 60 minut | Posiłki: 3

Składniki

½ szklanki granulowanego cukru

½ szklanki wody

¼ szklanki białego octu winnego

1 ząbek czosnku, posiekany

¼ szklanki białej cebuli, drobno posiekanej

Sok z 1 limonki

2 łyżeczki startego świeżego imbiru

2 łyżeczki curry w proszku

Szczypta płatków czerwonej papryki

Sól i czarny pieprz do smaku

Płatki pieprzu do smaku

4 duże kawałki nektarynki, pokrojone w krążki

¼ szklanki posiekanej świeżej bazylii

Instrukcje

Przygotuj bemar i włóż do niego sous vide. Ustaw na 168F.

Podgrzej rondelek na średnim ogniu i wymieszaj wodę, cukier, biały ocet winny i czosnek. Mieszaj, aż cukier zmięknie. Dodać sok z limonki, cebulę, curry, imbir i płatki czerwonej papryki. Doprawić solą i czarnym pieprzem. Dobrze wymieszaj. Umieść mieszaninę w zamkniętej próżniowo torbie. Odpowietrzyć metodą wypierania wody, zamknąć worek i zanurzyć go w łaźni wodnej. Gotuj przez 40 minut.

Gdy licznik czasu się zatrzyma, wyjmij torebkę i umieść ją w łaźni lodowej. Przełóż jedzenie na talerz do serwowania. Udekoruj bazylią.

Brązowe ziemniaki konfiturowane z rozmarynem

Czas przygotowania + gotowanie: 1h15 | Posiłki: 4

Składniki

1 funt ziemniaków Russet, pokrojonych w plasterki

Sól dla smaku

¼ łyżeczki mielonego białego pieprzu

1 łyżeczka posiekanego świeżego rozmarynu

2 łyżki całego masła

1 łyżka oleju kukurydzianego

Instrukcje

Przygotuj bemar i włóż do niego sous vide. Ustaw na 192 F. Dopraw ziemniaki rozmarynem, solą i pieprzem. Ziemniaki wymieszać z masłem i oliwą. Umieścić w zamykanej próżniowo torbie. Odpowietrzyć metodą wypierania wody, zamknąć worek i zanurzyć go w łaźni wodnej. Gotuj przez 60 minut. Gdy czas się skończy, wyjmij torebkę i przenieś ją do dużej miski. Posmaruj masłem i podawaj.

Curry z gruszkami i kremem kokosowym

Czas przygotowania + gotowanie: 1h10 | Posiłki: 4

Składniki

2 gruszki, wyjąć garść, obrać i pokroić w plasterki

1 łyżka curry w proszku

2 łyżki śmietanki kokosowej

Instrukcje

Przygotuj bemar i włóż do niego sous vide. Ustaw na 186F.

Wymieszaj wszystkie składniki i włóż do worka próżniowego. Odpowietrzyć metodą wypierania wody, zamknąć worek i zanurzyć go w łaźni wodnej. Gotuj przez 60 minut. Gdy czas się skończy, wyjmij torebkę i przenieś ją do dużej miski. Podzielić na talerze i podawać.

Miękka owsianka brokułowa

Czas przygotowania + gotowanie: 2h15 | Posiłki: 4

Składniki

1 główka brokułu, podzielona na różyczki

½ łyżeczki czosnku w proszku

Sól dla smaku

1 łyżka masła

1 łyżka gęstej bitej śmietany

Instrukcje

Przygotuj bemar i włóż do niego sous vide. Ustaw na 183 F. Wymieszaj brokuły, sól, czosnek w proszku i śmietanę. Umieścić w zamykanej próżniowo torbie. Odpowietrzyć metodą wypierania wody, zamknąć worek i zanurzyć go w łaźni wodnej. Gotuj przez 2 godziny.

Gdy timer się skończy, wyjmij torebkę i umieść ją w blenderze, aby pulsować. Dopraw i podawaj.

Pyszny chutney z daktyli i mango

Czas przygotowania + gotowanie: 1h45 | Posiłki: 4

Składniki

2 funty pokrojonego mango

1 mała cebula, pokrojona w kostkę

½ szklanki jasnego brązowego cukru

¼ szklanki daktyli

2 łyżki octu jabłkowego

2 łyżki świeżo wyciśniętego soku z cytryny

1 ½ łyżeczki nasion gorczycy żółtej

1 ½ łyżeczki nasion kolendry

Sól dla smaku

¼ łyżeczki curry w proszku

¼ łyżeczki suszonej kurkumy

⅛ łyżeczki pieprzu cayenne

Instrukcje

Przygotuj bemar i włóż do niego sous vide. Ustaw na 183F.

Połącz wszystkie składniki. Umieścić w zamykanej próżniowo torbie. Odpowietrzyć metodą wypierania wody, zamknąć worek i zanurzyć go w łaźni wodnej. Gotuj przez 90 minut. Gdy czas się skończy, wyjmij torebkę i wlej do rondla.

Sałatka z mandarynek i fasolki szparagowej z orzechami włoskimi

Czas przygotowania + gotowanie: 1h10 | Posiłki: 8)

Składniki

2 funty zielonej fasolki, pokrojonej w plasterki

2 mandarynki

2 łyżki masła

Sól dla smaku

2 uncje orzechów włoskich

Instrukcje

Przygotuj bemar i włóż do niego sous vide. Ustaw na 186 F. Dodaj fasolkę szparagową, sól i masło. Umieścić w zamykanej próżniowo torbie. Dodaj skórkę i sok z mandarynki. Odpowietrzyć metodą wypierania wody, zamknąć worek i zanurzyć go w łaźni wodnej. Gotuj przez 1 godzinę. Gdy licznik czasu się skończy, wyjmij torebkę i przenieś ją na talerz. Posyp wierzch skórką mandarynki i orzechami włoskimi.

Krem grochowy z gałką muszkatołową

Czas przygotowania + gotowanie: 1h10 | Posiłki: 8)

Składniki

1 funt świeżego zielonego groszku

1 szklanka bitej śmietany

¼ szklanki masła

1 łyżka skrobi kukurydzianej

¼ łyżeczki mielonej gałki muszkatołowej

4 goździki

2 liście laurowe

Czarny pieprz do smaku

Instrukcje

Przygotuj bemar i włóż do niego sous vide. Ustaw na 184 F. Połącz skrobię kukurydzianą, gałkę muszkatołową i śmietanę w misce. Ubijaj, aż skrobia kukurydziana zmięknie.

Umieść mieszaninę w zamkniętej próżniowo torbie. Odpowietrzyć metodą wypierania wody, zamknąć worek i zanurzyć go w łaźni wodnej. Gotuj przez 1 godzinę. Gdy czas się skończy, wyjmij torebkę i wyrzuć liść laurowy. Podawać.

Łatwe puree z brokułów

Czas przygotowania + gotowanie: 60 minut | Posiłki: 4

Składniki

1 główka brokułów

1 szklanka bulionu warzywnego

3 łyżki masła

Sól dla smaku

Instrukcje

Przygotuj bemar i włóż do niego sous vide. Ustaw na 186F.

Wymieszaj brokuły, masło i bulion warzywny. Umieścić w zamykanej próżniowo torbie. Odpowietrzyć metodą wypierania wody, zamknąć worek i zanurzyć go w łaźni wodnej. Gotuj przez 45 minut.

Gdy czas się skończy, wyjmij torebkę i osusz. Zachowaj soki z gotowania. Brokuły włóż do blendera i zmiksuj na gładkie puree. Wlać trochę soku z gotowania. Przed podaniem doprawić solą i pieprzem.

Zupa z czerwonej papryki i brokułów

Czas przygotowania + gotowanie: 1h25 | Posiłki: 8)

Składniki

2 łyżki oliwy z oliwek

1 duża cebula, pokrojona w kostkę

2 ząbki czosnku, pokrojone w plasterki

Sól dla smaku

⅛ łyżeczki zmielonych płatków czerwonej papryki

1 główka brokułu, podzielona na różyczki

1 jabłko, obrane i pokrojone w kostkę

6 szklanek bulionu warzywnego

Instrukcje

Przygotuj bemar i włóż do niego sous vide. Ustaw na 183F.

Rozgrzej patelnię z olejem na średnim ogniu, aż zacznie lśnić. Podsmaż cebulę, 1/4 łyżeczki soli i czosnek przez 7 minut. Dodaj płatki chili i dobrze wymieszaj. Zdjąć z ognia. Ostudzić.

Umieść mieszankę jabłek, brokułów, cebuli i 1/4 łyżki soli w zamykanej torebce. Odpowietrzyć metodą wypierania wody, zamknąć worek i zanurzyć go w łaźni wodnej. Gotuj przez 1 godzinę.

Gdy czas się skończy, wyjmij torebkę i przenieś ją do garnka. Wlać bulion warzywny i wymieszać. Dopraw solą i podawaj.

Kukurydza chili Miso z sezamem i miodem

Przygotowanie + czas gotowania: 45 minut | Posiłki: 4

Składniki

4 kłosy kukurydzy

6 łyżek masła

3 łyżki czerwonej pasty miso

1 łyżeczka miodu

1 łyżeczka papryczki chili

1 łyżka oleju rzepakowego

1 cebula, pokrojona w cienkie plasterki

1 łyżeczka prażonych nasion sezamu

Instrukcje

Przygotuj bemar i włóż do niego sous vide. Ustaw na 183 F. Oczyść kukurydzę i pokrój kolby. Każdą kukurydzę posmaruj 2 łyżkami masła. Umieścić w zamykanej próżniowo torbie. Odpowietrzyć metodą wypierania wody, zamknąć worek i zanurzyć go w łaźni wodnej. Gotuj przez 30 minut.

W międzyczasie w misce wymieszaj 4 łyżki masła, 2 łyżki pasty miso, miód, olej rzepakowy i ziele angielskie. Dobrze wymieszaj. Odłożyć na bok. Gdy licznik czasu się skończy, wyjmij torebkę i ugrilluj kukurydzę. Na wierzchu rozsmaruj mieszaninę miso. Udekoruj olejem sezamowym i capesantą.

Kremowe gnocchi z groszku

Czas przygotowania + gotowanie: 1h50 | Posiłki: 2

Składniki

1 rolka gnocchi

1 łyżka masła

½ słodkiej cebuli, pokrojonej w cienkie plasterki

Sól i czarny pieprz do smaku

½ szklanki mrożonego groszku

¼ szklanki gęstej śmietanki

½ szklanki startego sera Pecorino Romano

Instrukcje

Przygotuj bemar i włóż do niego sous vide. Ustaw na 183 F. Umieść gnocchi w zamykanej próżniowo torbie. Odpowietrzyć metodą wypierania wody, zamknąć worek i zanurzyć go w łaźni wodnej. Gotuj przez 1h30.

Gdy licznik czasu się skończy, wyjmij torebkę i odłóż ją na bok. Rozgrzej patelnię z masłem na średnim ogniu i smaż cebulę przez 3 minuty. Dodać mrożony groszek i śmietanę i gotować. Gnocchi polej sosem śmietanowym, dopraw pieprzem i solą i podawaj na talerzu.

Sałatka jabłkowa z miodem i rukolą

Przygotowanie + czas gotowania: 3h50 | Posiłki: 4

Składniki

2 łyżki miodu

2 jabłka, wyjąć garść, przekroić na pół i pokroić w plasterki

½ szklanki orzechów włoskich, uprażonych i posiekanych

½ szklanki startego sera Grana Padano

4 szklanki rukoli

Sól morska do smaku

Ubrać się

¼ szklanki oliwy z oliwek

1 łyżka białego octu winnego

1 łyżeczka musztardy Dijon

1 ząbek czosnku, posiekany

Sól dla smaku

Instrukcje

Przygotuj bemar i włóż do niego sous vide. Ustawić na 158 F. Umieść miód w szklanym pojemniku i podgrzewaj przez 30 sekund, dodaj jabłka i dobrze wymieszaj. Umieść go w zamykanej próżniowo torbie. Odpowietrzyć metodą wypierania wody, zamknąć worek i zanurzyć go w łaźni wodnej. Gotuj przez 30 minut.

Gdy licznik czasu się zatrzyma, wyjmij torebkę i przenieś ją do łaźni lodowo-wodnej na 5 minut. Schłodzić przez 3 godziny. Połącz wszystkie składniki winegretu w szklance i dobrze wstrząśnij. Pozostawić na chwilę do wystygnięcia w lodówce.

W misce wymieszaj rukolę, orzechy włoskie i ser Grana Padano. Dodaj plasterki brzoskwiń. Polać winegretem. Doprawić solą i pieprzem, następnie podawać.

Mięso kraba z sosem z masłem limonkowym

Czas przygotowania + gotowanie: 70 minut | Posiłki: 4

Składniki

6 ząbków czosnku, posiekanych

Skórka i sok z ½ limonki

1 funt mięsa kraba

4 łyżki masła

Instrukcje

Przygotuj bemar i włóż do niego sous vide. Ustaw na 137 F. Dobrze wymieszaj połowę czosnku, skórkę z limonki i połowę soku z limonki. Odłożyć na bok. Umieść mieszaninę mięsa kraba, masła i limonki w zamykanej torebce. Odpowietrzyć metodą wypierania wody, zamknąć worek i zanurzyć go w łaźni wodnej. Gotuj przez 50 minut. Gdy odliczanie się skończy, wyjmij torebkę. Wyrzucić soki powstałe podczas gotowania.

Rozgrzej patelnię na średnim ogniu i dodaj pozostałe masło, pozostałą mieszaninę limonki i pozostały sok z limonki. Podawaj kraba w 4 kokilkach skropionych masłem limonkowym.

Szybki łosoś w stylu północnym

Przygotowanie + czas gotowania: 30 minut | Posiłki: 4

Składniki

1 łyżka oliwy z oliwek

4 filety z łososia ze skórą

Sól i czarny pieprz do smaku

Skórka i sok z 1 cytryny

2 łyżki żółtej musztardy

2 łyżki oleju sezamowego

Instrukcje

Przygotuj bemar i włóż do niego sous vide. Ustaw na 114 F. Dopraw łososia solą i pieprzem. Wymieszaj skórkę i sok z cytryny, olej i musztardę. Umieść łososia w 2 zamkniętych próżniowo torebkach z mieszanką musztardową. Wypuścić powietrze metodą wypierania wody, zamknąć worki i zanurzyć je w kąpieli. Gotuj przez 20 minut. Na patelni rozgrzej olej sezamowy. Gdy czas się skończy, wyjmij łososia i osusz. Przełóż łososia na patelnię i smaż po 30 sekund z każdej strony.

Pyszny pstrąg z musztardą i sosem tamari

Przygotowanie + czas gotowania: 35 minut | Posiłki: 4

Składniki

¼ szklanki oliwy z oliwek

4 filety z pstrąga, bez skóry i pokrojone w plasterki

½ szklanki sosu Tamari

¼ szklanki jasnego brązowego cukru

2 ząbki czosnku, posiekane

1 łyżka musztardy Coleman

Instrukcje

Przygotuj bemar i włóż do niego sous vide. Ustaw na 130 F. Wymieszaj sos Tamari, brązowy cukier, oliwę z oliwek i czosnek. Umieść pstrąga w zamkniętej próżniowo torbie z mieszanką tamari. Odpowietrzyć metodą wypierania wody, zamknąć worek i zanurzyć go w łaźni wodnej. Gotuj przez 30 minut.

Gdy timer się skończy, wyjmij pstrąga i osusz go szmatką. Wyrzucić soki powstałe podczas gotowania. Przed podaniem udekoruj sosem tamari i musztardą.

Tuńczyk z sosem sezamowo-imbirowym

Przygotowanie + czas gotowania: 45 minut | Posiłki: 6

Składniki :

<u>tuńczyk:</u>

3 steki z tuńczyka

Sól i czarny pieprz do smaku

⅓ szklanki oliwy z oliwek

2 łyżki oleju rzepakowego

½ szklanki czarnego sezamu

½ szklanki białego sezamu

<u>Sos imbirowy:</u>

1 cm startego imbiru

2 szalotki, posiekane

1 mielona czerwona papryka

3 łyżki wody

Sok z 2 ½ limonki

1 ½ łyżki octu ryżowego

2 ½ łyżki sosu sojowego

1 łyżka sosu rybnego

1 ½ łyżki cukru

1 pęczek liści sałaty

instrukcje:

Zacznij od sosu: postaw mały rondelek na małym ogniu i dodaj oliwę z oliwek. Gdy będzie gorące, dodaj imbir i chili. Gotuj przez 3 minuty. Dodać cukier i ocet, wymieszać i gotować, aż cukier się rozpuści. Dodać wodę i doprowadzić do wrzenia. Dodaj sos sojowy, sos rybny i sok z limonki i gotuj 2 minuty. Ostudzić.

Przygotuj łaźnię wodną, umieść w niej sous vide i ustaw temperaturę na 30°C. Dopraw tuńczyka solą i pieprzem i umieść go w 3 oddzielnych, zamykanych próżniowo torebkach. Dodajemy oliwę z oliwek, odpowietrzamy torebkę metodą wypierania wody, zakręcamy i zanurzamy torebkę w łaźni wodnej. Ustaw timer na 30 minut.

Gdy licznik czasu się skończy, wyjmij i otwórz torebkę. Zarezerwuj tuńczyka. Postaw patelnię na małym ogniu i dodaj olej rzepakowy. Podczas gotowania wsyp do miski nasiona sezamu. Tuńczyka osusz, posyp sezamem i smaż z góry i z dołu na rozgrzanym oleju, aż nasiona zaczną się smażyć.

Tuńczyka pokroić w cienkie paski. Przykryj naczynie do serwowania sałatką i ułóż tuńczyka na sałacie. Podawać z sosem imbirowym jako przystawkę.

Niebiańskie bułki krabowe z cytryną i czosnkiem

Czas przygotowania + gotowanie: 60 minut | Posiłki: 4

Składniki

4 łyżki masła

1 funt gotowanego mięsa kraba

2 ząbki czosnku, posiekane

Skórka i sok z ½ cytryny

½ szklanki majonezu

1 bulwa kopru włoskiego, posiekana

Sól i czarny pieprz do smaku

4 bułki, pokrojone, natłuszczone i opieczone

Instrukcje

Przygotuj bemar i włóż do niego sous vide. Ustaw na 137 F. Wymieszaj czosnek, skórkę z cytryny i 1/4 szklanki soku z cytryny. Umieść mięso kraba w zamkniętej próżniowo torebce z mieszaniną masła i cytryny. Odpowietrzyć metodą wypierania wody, zamknąć worek i zanurzyć go w łaźni wodnej. Gotuj przez 50 minut.

Gdy czas się skończy, wyjmij torebkę i przenieś ją do miski. Wyrzucić soki powstałe podczas gotowania. Mięso kraba wymieszać z pozostałym sokiem z cytryny, majonezem, koprem włoskim, koperkiem, solą i pieprzem. Przed podaniem napełnij bułki mieszanką mięsa kraba.

Pikantna smażona ośmiornica z sosem cytrynowym

Czas przygotowania + gotowanie: 4 godziny 15 minut | Posiłki: 4

Składniki

5 łyżek oliwy z oliwek

1 funt macek ośmiornicy

Sól i czarny pieprz do smaku

2 łyżki soku z cytryny

1 łyżka skórki cytrynowej

1 łyżka posiekanej świeżej natki pietruszki

1 łyżeczka tymianku

1 łyżka papryki

Instrukcje

Przygotuj bemar i włóż do niego sous vide. Ustaw na 179 F. Pokrój macki na średniej wielkości kawałki. Doprawić solą i pieprzem. Umieść kawałki w zamykanej próżniowo torbie z oliwą z oliwek. Odpowietrzyć metodą wypierania wody, zamknąć worek i zanurzyć go w łaźni wodnej. Gotuj przez 4 godziny.

Gdy minutnik się skończy, wyjmij ośmiornicę i osusz ją szmatką. Wyrzucić soki powstałe podczas gotowania. Skropić oliwą z oliwek.

Rozgrzej grill na średnim ogniu i smaż macki przez 10-15 sekund z każdej strony. Odłożyć na bok. Dokładnie wymieszaj sok z cytryny, skórkę z cytryny, paprykę, tymianek i pietruszkę. Polać ośmiornicę cytrynowym winegretem.

Szaszłyki z krewetek kreolskich

Czas przygotowania + gotowanie: 50 minut | Posiłki: 4

Składniki

Skórka i sok z 1 cytryny

6 łyżek masła

2 ząbki czosnku, posiekane

Sól i biały pieprz do smaku

1 łyżka przyprawy kreolskiej

1 ½ funta oczyszczonych krewetek

1 łyżka świeżo mielonego koperku + do dekoracji

Plastry cytryny

Instrukcje

Przygotuj bemar i włóż do niego sous vide. Ustaw na 137F.

Rozpuść masło w rondlu na średnim ogniu, dodaj czosnek, przyprawę kreolską, skórkę i sok z cytryny, sól i pieprz. Gotuj przez 5 minut, aż masło się rozpuści. Odłóż na bok i ostudź.

Umieść krewetki z mieszanką masła w zamykanej próżniowo torbie. Odpowietrzyć metodą wypierania wody, zamknąć worek i zanurzyć go w łaźni wodnej. Gotuj przez 30 minut.

Gdy czas się skończy, wyjmij krewetki i osusz je ręcznikiem. Wyrzucić soki powstałe podczas gotowania. Przed podaniem nadziewaj krewetki na patyczki do szaszłyków i udekoruj koperkiem oraz wyciśniętą cytryną.

Krewetki z pikantnym sosem

Czas przygotowania + gotowanie: 40 minut + czas chłodzenia |
Posiłki: 5

Składniki

2 funty krewetek, oczyszczonych i obranych

1 szklanka przecieru pomidorowego

2 łyżki sosu chrzanowego

1 łyżeczka soku z cytryny

1 łyżeczka Tabasco

Sól i czarny pieprz do smaku

Instrukcje

Przygotuj bemar i włóż do niego sous vide. Ustaw na 137 F. Umieść krewetki w zamykanej próżniowo torbie. Wypuścić powietrze metodą wypierania wody, zamknąć worek i zanurzyć go w kąpieli. Gotuj przez 30 minut.

Gdy licznik czasu się skończy, wyjmij torebkę i przenieś ją do łaźni lodowo-wodnej na 10 minut. Pozostawić do ostygnięcia w lodówce przez 1 do 6 godzin. Wymieszaj koncentrat pomidorowy, sos chrzanowy, sos sojowy, sok z cytryny, sos Tabasco, dobrze sól i pieprz. Podawać krewetki z sosem.

Liść morski z szalotką i estragonem

Czas przygotowania + gotowanie: 50 minut | Posiłki: 2

Składniki :

2 kg filetów z halibuta

3 gałązki liści estragonu

1 łyżeczka czosnku w proszku

1 łyżeczka proszku cebulowego

Sól i biały pieprz do smaku

2 ½ łyżeczki + 2 łyżeczki masła

2 szalotki, obrane i przekrojone na pół

2 gałązki tymianku

Plasterki cytryny do dekoracji

instrukcje:

Przygotuj łaźnię wodną, włóż do niej sous vide i ustaw temperaturę na 124 F. Filety z halibuta pokroić na 3 części i natrzeć solą, czosnkiem w proszku, cebulą w proszku i pieprzem. Umieść filety, estragon i 2 ½ łyżeczki masła w 3 oddzielnych zamykanych torebkach. Wypuścić powietrze metodą wypierania wody i zamknąć worki. Umieścić je w łaźni wodnej i gotować przez 40 minut.

Gdy odliczanie się skończy, wyjmij i otwórz torby. Postaw patelnię na małym ogniu i dodaj resztę masła. Po podgrzaniu zdejmij skórę z halibuta i osusz ją. Dodać halibuta z szalotką i tymiankiem i smażyć od dołu i od góry, aż będą chrupiące. Udekoruj plasterkami cytryny. Podawać z dodatkiem duszonych warzyw.

Masło ziołowe z dorsza cytrynowego

Przygotowanie + czas gotowania: 37 minut | Posiłki: 6

Składniki

8 łyżek masła

6 filetów z dorsza

Sól i czarny pieprz do smaku

Skórka z ½ cytryny

1 łyżka świeżo mielonego koperku

½ łyżki posiekanego świeżego szczypiorku

½ łyżki posiekanej świeżej bazylii

½ łyżki świeżo mielonej szałwii

Instrukcje

Przygotuj bemar i włóż do niego sous vide. Ustaw na 134 F. Dopraw dorsza solą i pieprzem. Umieść dorsza i skórkę z cytryny w zamykanej próżniowo torebce.

Masło, połowę koperku, szczypiorek, bazylię i szałwię umieścić w osobnym, zamkniętym próżniowo torebce. Odpowietrzyć metodą wypierania wody, uszczelnić i zanurzyć obydwa worki w łaźni wodnej. Gotuj przez 30 minut.

Gdy minutnik się skończy, wyjmij dorsza i osusz go szmatką. Wyrzucić soki powstałe podczas gotowania. Wyjmij masło z drugiego worka i polej nim dorsza. Udekoruj pozostałym koperkiem.

Wąchanie masła Nantais

Przygotowanie + czas gotowania: 45 minut | Posiłki: 6

Składniki :

<u>konsolidator:</u>

Granik o wadze 2 funtów, pokrojony na 3 części

1 łyżeczka kminku w proszku

½ łyżeczki czosnku w proszku

½ łyżeczki proszku cebulowego

½ łyżeczki sproszkowanej kolendry

¼ szklanki przyprawy do ryb

¼ szklanki oleju z orzechów włoskich

Sól i biały pieprz do smaku

<u>Białe masło:</u>

1 funt masła

2 łyżki octu jabłkowego

2 szalotki, posiekane

1 łyżeczka mielonego pieprzu

5 uncji ciężkiej śmietany,

Sól dla smaku

2 gałązki koperku

1 łyżka soku z cytryny

1 łyżka sproszkowanego szafranu

instrukcje:

Przygotuj bemar, włóż do niego urządzenie Sous Vide i ustaw na 132 F. Dopraw kawałki granika solą i białym pieprzem. Umieścić w zamykanym próżniowo worku, odpowietrzyć metodą wypierania wody, zamknąć i zanurzyć worek w łaźni wodnej. Ustaw timer na 30 minut. Wymieszaj kminek, czosnek, cebulę, kolendrę i przyprawę do ryb. Odłożyć na bok.

W międzyczasie przygotuj białe masło. Postaw patelnię na średnim ogniu i dodaj szalotkę, ocet i ziarna pieprzu. Zagotować do uzyskania syropu. Zmniejsz ogień do małego i dodaj masło, ciągle mieszając. Dodajemy koperek, sok z cytryny i proszek szafranowy, ciągle mieszamy i gotujemy 2 minuty. Dodać śmietanę i doprawić solą. Gotuj przez 1 minutę. Wyłącz ogień i odłóż na bok.

Gdy licznik czasu się skończy, wyjmij i otwórz torebkę. Postaw patelnię na średnim ogniu, dodaj olej z orzechów włoskich. Ciasto osuszamy, doprawiamy mieszanką przypraw i smażymy na rozgrzanym oleju. Podawaj granika i masło Nantes w towarzystwie smażonego szpinaku.

Płatki z tuńczyka

Czas przygotowania + gotowanie: 1h45 | Posiłki: 4

Składniki :

¼ funta steku z tuńczyka

1 łyżeczka liści rozmarynu

1 łyżeczka liści tymianku

2 szklanki oliwy z oliwek

1 ząbek czosnku, posiekany

instrukcje:

Zrób łaźnię wodną, umieść w niej sous vide i ustaw temperaturę na 135 F. Do zamykanej próżniowo torebki włóż stek z tuńczyka, sól, rozmaryn, czosnek, tymianek i dwie łyżki oliwy. Odpowietrzyć metodą wypierania wody, zamknąć worek i zanurzyć go w łaźni wodnej. Ustaw timer na 1 godzinę 30 minut.

Gdy odliczanie się skończy, wyjmij torebkę. Tuńczyka włóż do miski i odłóż na bok. Postaw patelnię na dużym ogniu, dodaj resztę oliwy z oliwek. Gdy będzie gorący, polej tuńczyka. Tuńczyka rozdrobnić dwoma widelcami. Przełożyć i przechowywać w szczelnym pojemniku z oliwą z oliwek przez maksymalnie tydzień. Podawać jako sałatkę.

Przegrzebki maślane

Czas przygotowania + gotowanie: 55 minut | Posiłki: 3

Składniki :

½ funta przegrzebków

3 łyżeczki masła (2 łyżeczki do pieczenia + 1 łyżeczka do smażenia)

Sól i czarny pieprz do smaku

instrukcje:

Zrób kąpiel wodną, umieść w niej sous vide i ustaw temperaturę na 140 F. Osusz przegrzebki ręcznikiem papierowym. Umieść przegrzebki, sól, 2 łyżki masła i pieprz w zamykanej torebce. Odpowietrzyć metodą wypierania wody, zamknąć worek i zanurzyć go w łaźni wodnej i ustawić timer na 40 minut.

Gdy licznik czasu się skończy, wyjmij i otwórz torebkę. Osuszyć przegrzebki papierowymi ręcznikami i odłożyć na bok. Postaw patelnię na średnim ogniu i dodaj resztę masła. Gdy się rozpuszczą, smaż przegrzebki z obu stron na złoty kolor. Podawać z mieszanką warzyw posmarowanych masłem.

Miętowe sardynki

Przygotowanie + czas gotowania: 1h20 | Posiłki: 3

Składniki :

2 funty sardynek

¼ szklanki oliwy z oliwek

3 ząbki czosnku, zmiażdżone

1 duża cytryna, świeżo wyciśnięta

2 gałązki świeżej mięty

Sól i czarny pieprz do smaku

instrukcje:

Umyj i oczyść każdą rybę, ale zachowaj skórę. Osuszyć papierem chłonnym.

W dużej misce wymieszaj oliwę z czosnkiem, sokiem z cytryny, świeżą miętą, solą i pieprzem. Umieść sardynki wraz z marynatą w dużym zamkniętym próżniowo worku. Gotuj w bemarze przez godzinę w temperaturze 104 F. Wyjmij z wanny i odcedź, ale sos zachowaj. Rybę polej sosem i porami gotowanymi na parze.

Dorada w białym winie

Przygotowanie + czas gotowania: 2 godziny | Posiłki: 2

Składniki :

1 funt dorady, o grubości około 1 cala, oczyszczony

1 szklanka oliwy z oliwek z pierwszego tłoczenia

1 cytryna, wyciśnięty sok

1 łyżka cukru

1 łyżka suszonego rozmarynu

½ łyżki suszonego oregano

2 ząbki czosnku, zmiażdżone

½ szklanki białego wina

1 łyżeczka soli morskiej

instrukcje:

W dużej misce wymieszaj oliwę z sokiem z cytryny, cukrem, rozmarynem, oregano, przeciśniętym czosnkiem, winem i solą. Zanurz rybę w tej mieszance i marynuj w lodówce przez godzinę. Wyjmij z lodówki i odcedź, ale zachowaj płyn do podania. Filety włóż do dużego worka zamykanego próżniowo i zamknij. Gotuj sous vide przez 40 minut w temperaturze 122 F. Skrop filety pozostałą marynatą i podawaj.

Sałatka z łososia i jarmużu z awokado

Przygotowanie + czas gotowania: 1 godzina | Posiłki: 3

Składniki :

1 funt filetów z łososia bez skóry

Sól i czarny pieprz do smaku

½ organicznej cytryny wyciśniętej w jej soku

1 łyżka oliwy z oliwek

1 szklanka liści jarmużu, posiekanych

½ szklanki pieczonej marchewki, pokrojonej w plasterki

½ dojrzałego awokado, pokrojonego w drobną kostkę

1 łyżka świeżego koperku

1 łyżka świeżych liści pietruszki

instrukcje:

Filet dopraw solą i pieprzem z obu stron i włóż do dużej, szczelnej torby. Zamknij torebkę i gotuj sous vide przez 40 minut w temperaturze 122 F. Wyjmij łososia z bemaru i odłóż na bok.

W misie blendera połącz sok z cytryny, szczyptę soli i czarnego pieprzu i stopniowo dodawaj oliwę, cały czas miksując. Dodaj starty jarmuż i wymieszaj, aby pokryć dressingiem. Dodać prażoną marchewkę, awokado, koperek i natkę pietruszki. Mieszaj delikatnie do połączenia. Przełóż do miski i podawaj z łososiem na wierzchu.

Łosoś imbirowy

Przygotowanie + czas gotowania: 45 minut | Posiłki: 4

Składniki :

4 filety z łososia ze skórą

2 łyżki oleju sezamowego

1 ½ oliwy z oliwek

2 łyżki startego imbiru

2 łyżki cukru

instrukcje:

Zrób łaźnię wodną, umieść w niej Sous Vide i ustaw na 124F. Łososia doprawiamy solą i pieprzem. Pozostałe składniki umieścić w misce i wymieszać.

Włóż mieszaninę łososia i cukru do dwóch zamykanych próżniowo torebek, spuść powietrze metodą wypierania wody, zamknij i zanurz torebkę w łaźni wodnej. Ustaw timer na 30 minut.

Gdy licznik czasu się skończy, wyjmij i otwórz torebkę. Postaw rondelek na średnim ogniu, połóż na jego dnie arkusz papieru pergaminowego i podgrzej. Dodaj łososia, skórą do dołu i smaż każdy przez 1 minutę. Podawać z dodatkiem brokułów posmarowanych masłem.

Małże ze świeżym sokiem z limonki

Czas przygotowania + gotowanie: 40 minut | Posiłki: 2

Składniki :

1 funt świeżych małży bez brody

1 średnia cebula, obrana i drobno posiekana

Ząbek czosnku, zmiażdżony

½ szklanki świeżo wyciśniętego soku z limonki

¼ szklanki świeżej pietruszki, drobno posiekanej

1 łyżka drobno posiekanego rozmarynu

2 łyżki oliwy z oliwek

instrukcje:

Umieść małże w dużym, szczelnym worku razem z sokiem z limonki, czosnkiem, cebulą, pietruszką, rozmarynem i oliwą z oliwek. Gotuj sous vide przez 30 minut w temperaturze 122 F. Podawaj z zieloną sałatą.

Steki z tuńczyka marynowane w ziołach

Czas przygotowania + gotowanie: 1h25 | Posiłki: 5

Składniki :

2 funty steków z tuńczyka, o grubości około 1 cala

1 łyżeczka suszonego tymianku, zmielonego

1 łyżeczka świeżej bazylii, drobno posiekanej

¼ szklanki drobno posiekanej szalotki

2 łyżki świeżej pietruszki, drobno posiekanej

1 łyżka świeżego koperku, drobno posiekanego

1 łyżeczka świeżo startej skórki z cytryny

½ szklanki nasion sezamu

4 łyżki oliwy z oliwek

Sól i czarny pieprz do smaku

instrukcje:

Filety z tuńczyka umyj pod zimną wodą i osusz chłonnym papierem. Odłożyć na bok.

W dużej misce wymieszaj tymianek, bazylię, szalotkę, pietruszkę, koper, oliwę, sól i pieprz. Mieszaj, aż składniki dobrze się połączą, a następnie zanurz steki w tej marynacie. Szczelnie przykryć i wstawić do lodówki na 30 minut.

Umieść steki i marynatę w dużym, zamykanym worku próżniowym. Naciśnij torebkę, aby wypuścić powietrze i zamknij pokrywkę. Gotuj sous vide przez 40 minut w temperaturze 131 stopni.

Wyjmij steki z torebki i połóż je na ręcznikach papierowych. Delikatnie osusz i usuń zioła. Rozgrzej patelnię na dużym ogniu. Obtocz steki w nasionach sezamu i przełóż na patelnię. Smaż przez 1 minutę z każdej strony i zdejmij z ognia.

Paszteciki z mięsa kraba

Przygotowanie + czas gotowania: 65 minut | Posiłki: 4

Składniki :

1 funt kawałka mięsa kraba

1 szklanka czerwonej cebuli, drobno posiekanej

½ szklanki czerwonej papryki, drobno posiekanej

2 łyżki papryczki chili, drobno posiekanej

1 łyżka liści selera, drobno posiekanych

1 łyżka liści pietruszki, drobno posiekanych

½ łyżeczki drobno posiekanego estragonu

Sól i czarny pieprz do smaku

4 łyżki oliwy z oliwek

2 łyżki mąki migdałowej

3 jajka, ubite

instrukcje:

Na patelni rozgrzej 2 łyżki oliwy z oliwek i dodaj cebulę. Mieszając, smaż do zeszklenia i dodaj posiekaną czerwoną paprykę i chili. Gotuj przez 5 minut, ciągle mieszając.

Przełożyć do dużego naczynia. Dodać mięso kraba, seler, pietruszkę, estragon, sól, pieprz, mąkę migdałową i jajka. Dokładnie wymieszaj i uformuj z powstałej masy placki o średnicy 2 cm. Ostrożnie podziel klopsiki pomiędzy 2 zamknięte próżniowo torebki i zamknij je. Gotuj sous vide przez 40 minut w temperaturze 122 F.

Rozgrzej pozostałą oliwę z oliwek na patelni z powłoką nieprzywierającą na dużym ogniu. Wyjmij klopsiki z łaźni wodnej i włóż je do rondla. Smażyć krótko z obu stron przez 3-4 minuty i podawać.

Chili pachnie

Czas przygotowania + gotowanie: 1h15 | Posiłki: 5

Składniki :

1 funt świeżych perfum

½ szklanki soku z cytryny

3 ząbki czosnku, zmiażdżone

1 łyżeczka soli

1 szklanka oliwy z oliwek z pierwszego tłoczenia

2 łyżki świeżego koperku, drobno posiekanego

1 łyżka szczypiorku, posiekanego

1 łyżka posiekanej papryczki chili

instrukcje:

Słód opłucz pod zimną bieżącą wodą i odcedź. Odłożyć na bok.

W dużej misce wymieszaj oliwę z sokiem z cytryny, przeciśniętym przez praskę czosnkiem, solą morską, drobno posiekanym koperkiem, mielonym szczypiorkiem i papryczką chili. Wrzucaj łyżki do tej mieszanki i przykryj. Schłodzić przez 20 minut.

Wyjmij go z lodówki i włóż wraz z marynatą do dużego worka, który można zamknąć próżniowo. Gotuj sous vide przez 40 minut w temperaturze 104 F. Wyjmij z łaźni wodnej i odcedź, ale zachowaj płyn.

Rozgrzej dużą patelnię na średnim ogniu. Dodaj brandy i krótko smaż, 3-4 minuty, obracając. Zdjąć z ognia i przenieść na talerz do serwowania. Polej marynatą i natychmiast podawaj.

Marynowane filety z suma

Przygotowanie + czas gotowania: 1h20 | Posiłki: 3

Składniki :

1 funt filetów z suma

½ szklanki soku z cytryny

½ szklanki liści pietruszki, drobno posiekanych

2 ząbki czosnku, zmiażdżone

1 szklanka cebuli, drobno posiekanej

1 łyżka świeżego koperku, drobno posiekanego

1 łyżka świeżych liści rozmarynu, drobno posiekanych

2 szklanki świeżo wyciśniętego soku jabłkowego

2 łyżki musztardy Dijon

1 szklanka oliwy z oliwek z pierwszego tłoczenia

instrukcje:

W dużej misce wymieszaj sok z cytryny, liście pietruszki, zmiażdżony czosnek, drobno posiekaną cebulę, świeży koperek, rozmaryn, sok jabłkowy, musztardę i oliwę z oliwek. Mieszaj, aż dobrze się połączy. Zanurz filety w tej mieszance i przykryj szczelnie przylegającą pokrywką. Schłodzić przez 30 minut.

Wyjmij z lodówki i włóż do 2 worków próżniowych. Przykryj i gotuj sous vide przez 40 minut w temperaturze 122 F. Wyjmij i odcedź; rezerwowy płyn. Podawać polane własnym płynem.

Krewetki pietruszkowe z cytryną

Przygotowanie + czas gotowania: 35 minut | Posiłki: 4

Składniki :

12 dużych krewetek, obranych i pokrojonych na kawałki

1 łyżeczka soli

1 łyżeczka cukru

3 łyżeczki oliwy z oliwek

1 liść laurowy

1 gałązka natki pietruszki, posiekana

2 łyżki skórki cytrynowej

1 łyżka soku z cytryny

instrukcje:

Zrób łaźnię wodną, umieść w niej sous vide i ustaw temperaturę na 156 F. Dodaj krewetki, sól i cukier do miski, wymieszaj i odstaw na 15 minut. Umieść krewetki, liść laurowy, oliwę z oliwek i skórkę z cytryny w worku próżniowym. Odpowietrzyć metodą wypierania wody i uszczelnić. Zanurz w wannie i gotuj przez 10 minut. Gdy licznik czasu się skończy, wyjmij i otwórz torebkę. Posyp krewetki i skrop sokiem z cytryny.

Halibut pakowany próżniowo

Przygotowanie + czas gotowania: 1h20 | Posiłki: 4

Składniki :

1 funt filetów z halibuta

3 łyżki oliwy z oliwek

¼ szklanki szalotki, drobno posiekanej

1 łyżeczka świeżo startej skórki z cytryny

½ łyżeczki suszonego tymianku, zmielonego

1 łyżka świeżej natki pietruszki, drobno posiekanej

1 łyżeczka świeżego koperku, drobno posiekanego

Sól i czarny pieprz do smaku

instrukcje:

Rybę umyj pod zimną bieżącą wodą i osusz papierowymi ręcznikami. Pokrój w cienkie plasterki, obficie posyp solą i pieprzem. Włóż do dużej zamykanej torebki i dodaj dwie łyżki oliwy z oliwek. Doprawiamy szalotką, tymiankiem, natką pietruszki, koperkiem, solą i pieprzem.

Naciśnij torebkę, aby wypuścić powietrze i zamknij pokrywkę. Wstrząśnij torebką, aby pokryć wszystkie filety przyprawami i wstaw do lodówki na 30 minut przed gotowaniem. Gotuj sous vide przez 40 minut w temperaturze 131 F.

Wyjmij torebkę z wody i włóż ją na chwilę do chłodu. Ułożyć na chłonnym papierze i odsączyć. Usuń zioła.

Rozgrzej pozostały olej na dużej patelni na dużym ogniu. Dodaj filety i smaż przez 2 minuty. Obróć filety i smaż przez około 35 do 40 sekund, a następnie zdejmij z ognia. Ponownie połóż rybę na ręczniku papierowym i usuń nadmiar tłuszczu. Natychmiast podawaj.

Sola z masłem cytrynowym

Przygotowanie + czas gotowania: 45 minut | Posiłki: 3

Składniki :

3 filety z soli

1 ½ łyżki niesolonego masła

¼ szklanki soku z cytryny

½ łyżeczki skórki z cytryny

Pieprz cytrynowy do smaku

1 gałązka natki pietruszki do dekoracji

instrukcje:

Zrób kąpiel wodną, umieść w niej sous vide i ustaw na 132 F. Wysusz podeszwę i umieść ją w 3 oddzielnych, zamykanych próżniowo torebkach. Wypuścić powietrze metodą wypierania wody i zamknąć worki. Zanurz w łaźni wodnej i ustaw timer na 30 minut.

Postaw mały rondelek na średnim ogniu, dodaj masło. Po rozpuszczeniu zdjąć z ognia. Dodać sok i skórkę z cytryny i wymieszać.

Gdy licznik czasu się skończy, wyjmij i otwórz torebkę. Filety z dorady ułóż na talerzach, polej sosem maślanym i posyp natką pietruszki. Podawać z dodatkiem gotowanych na parze zielonych warzyw.

Gulasz bazyliowy

Czas przygotowania + gotowanie: 50 minut | Posiłki: 4

Składniki :

1 funt filetów z dorsza

1 szklanka pieczonych pomidorów

1 łyżka bazylii, suszonej

1 szklanka bulionu rybnego

2 łyżki koncentratu pomidorowego

3 łodygi selera, drobno posiekane

1 marchewka, pokrojona w plasterki

¼ szklanki oliwy z oliwek

1 cebula, drobno posiekana

½ szklanki grzybów

instrukcje:

Rozgrzej oliwę z oliwek na dużej patelni na średnim ogniu. Dodać seler, cebulę i marchewkę. Smażyć przez 10 minut, mieszając. Zdjąć z ognia i przenieść do zamykanej próżniowo torebki z pozostałymi składnikami. Gotuj sous vide przez 40 minut w temperaturze 122 F.

Pojedyncza tilapia

Czas przygotowania + gotowanie: 1h10 | Posiłki: 3

Składniki

3 (4 uncje) filety z tilapii

3 łyżki masła

1 łyżka octu jabłkowego

Sól i czarny pieprz do smaku

instrukcje:

Przygotuj łaźnię wodną, umieść w niej urządzenie Sous Vide i ustaw temperaturę na 124 F. Dopraw tilapię pieprzem i solą i umieść ją w zamykanej próżniowo torbie. Wypuścić powietrze metodą wypierania wody i zamknąć worek. Zanurz go w łaźni wodnej i ustaw timer na 1 godzinę.

Gdy licznik czasu się skończy, wyjmij i otwórz torebkę. Postaw rondelek na średnim ogniu, dodaj masło i ocet. Gotuj, ciągle mieszając, aż ocet zredukuje się o połowę. Dodać tilapię i lekko przyrumienić. W razie potrzeby doprawić solą i pieprzem. Podawać z dodatkiem warzyw posmarowanych masłem.

Łosoś ze szparagami

Czas przygotowania + gotowanie: 3h15 | Posiłki: 6

Składniki :

1 funt filetu z dzikiego łososia

1 łyżka oliwy z oliwek

1 łyżka suszonego oregano

12 średniej wielkości szparagów

4 krążki białej cebuli

1 łyżka świeżej pietruszki

Sól i czarny pieprz do smaku

instrukcje:

Filet dopraw z obu stron oregano, solą i pieprzem i lekko posmaruj oliwą z oliwek.

Umieścić w dużym, szczelnym pojemniku wraz z pozostałymi składnikami. Wszystkie przyprawy wymieszaj w misce. Natrzyj równomiernie mieszaninę po obu stronach steku i umieść go w dużej, szczelnej torbie. Zamknij torebkę i gotuj metodą sous vide przez 3 godziny w temperaturze 136°F.

Makrela curry

Czas przygotowania + gotowanie: 55 minut | Posiłki: 3

Składniki :

3 filety z makreli, bez głów

3 łyżki pasty curry

1 łyżka oliwy z oliwek

Sól i czarny pieprz do smaku

instrukcje:

Przygotuj łaźnię wodną, umieść w niej sous vide i ustaw temperaturę na 120 F. Makrelę dopraw pieprzem i solą i umieść w zamykanym próżniowo worku. Wypuścić powietrze metodą wypierania wody, zamknąć, zanurzyć w łaźni wodnej i ustawić timer na 40 minut.

Gdy licznik czasu się skończy, wyjmij i otwórz torebkę. Postaw patelnię na średnim ogniu, dodaj oliwę z oliwek. Makrelę posmaruj curry (nie osusz makreli)

Gdy będzie gorąca, dodaj makrelę i smaż na złoty kolor. Podawać z dodatkiem gotowanych na parze zielonych warzyw liściastych.

Kalmary rozmarynowe

Czas przygotowania + gotowanie: 1h15 | Posiłki: 3

Składniki :

1 funt świeżej, całej kalmary

½ szklanki oliwy z oliwek z pierwszego tłoczenia

1 łyżka różowej soli himalajskiej

1 łyżka suszonego rozmarynu

3 ząbki czosnku, zmiażdżone

3 pomidorki koktajlowe przekrojone na pół

instrukcje:

Dokładnie opłucz każdą kałamarnicę pod bieżącą wodą. Za pomocą ostrego noża do obierania usuń głowy i oczyść każdą kałamarnicę.

W dużej misce wymieszaj oliwę z solą, suszonym rozmarynem, pomidorkami koktajlowymi i przeciśniętym czosnkiem. Zanurz kalmary w tej mieszance i pozostaw je w lodówce na 1 godzinę. Następnie wyjąć i odsączyć. Umieść kalmary i pomidorki koktajlowe w dużej zamykanej próżniowo torbie. Gotuj sous vide przez godzinę w temperaturze 136 F.

Krewetki smażone w cytrynie

Czas przygotowania + gotowanie: 50 minut | Posiłki: 3

Składniki :

1 funt krewetek, obranych i oczyszczonych

3 łyżki oliwy z oliwek

½ szklanki świeżo wyciśniętego soku z cytryny

1 ząbek czosnku, zmiażdżony

1 łyżeczka zmielonego świeżego rozmarynu

1 łyżeczka soli morskiej

instrukcje:

Oliwę wymieszaj z sokiem z cytryny, przeciśniętym przez praskę czosnkiem, rozmarynem i solą. Rozprowadź mieszaninę na każdej krewetce za pomocą pędzla kuchennego i umieść je w dużej, szczelnej torbie. Gotuj sous vide przez 40 minut w temperaturze 104 F.

Grillowana ośmiornica

Przygotowanie + czas gotowania: 5h20 | Posiłki: 3

Składniki :

Pół funta średnich macek ośmiornicy, blanszowanych

Sól i czarny pieprz do smaku

3 łyżeczki + 3 łyżki oliwy z oliwek

2 łyżeczki suszonego oregano

2 gałązki świeżej pietruszki, posiekane

Lód do kąpieli lodowej

instrukcje:

Przygotuj łaźnię wodną, włóż do niej Sous Vide i ustaw na 171F.

Do worka próżniowego włóż ośmiornicę, sól, 3 łyżeczki oliwy z oliwek i pieprz. Odpowietrzyć metodą wypierania wody, zamknąć worek i zanurzyć go w łaźni wodnej. Ustaw timer na 5 godzin.

Gdy licznik czasu się zatrzyma, wyjmij torebkę i przykryj ją łaźnią lodową. Odłożyć na bok. Rozgrzej grill.

Gdy grill będzie już gorący, przełóż ośmiornicę na talerz, dodaj 3 łyżki oliwy z oliwek i masuj. Ośmiornicę grillujemy tak, aby ładnie się zarumieniła z każdej strony. Posyp ośmiornicę i udekoruj natką pietruszki i oregano. Podawać ze słodko-pikantnym sosem.

Steki z dzikiego łososia

Czas przygotowania + gotowanie: 1h25 | Posiłki: 4

Składniki :

2 funty steków z dzikiego łososia

3 ząbki czosnku, zmiażdżone

1 łyżka świeżego rozmarynu, drobno posiekanego

1 łyżka świeżo wyciśniętego soku z cytryny

1 łyżka świeżo wyciśniętego soku pomarańczowego

1 łyżeczka skórki pomarańczowej

1 łyżeczka różowej soli himalajskiej

1 szklanka bulionu rybnego

instrukcje:

Wymieszaj sok pomarańczowy z sokiem z cytryny, rozmarynem, czosnkiem, skórką pomarańczową i solą. Pokryj każdy stek mieszanką i wstaw do lodówki na 20 minut. Przełożyć do dużej zamykanej torebki i dodać bulion rybny. Zamknij torebkę i gotuj metodą sous vide przez 50 minut w temperaturze 131 F.

Rozgrzej dużą patelnię grillową z powłoką nieprzywierającą. Wyjmij steki z hermetycznego worka i grilluj przez 3 minuty z każdej strony, aż lekko się zarumienią.

Gulasz Tilapia

Przygotowanie + czas gotowania: 65 minut | Posiłki: 3

Składniki :

1 funt filetów z tilapii

½ szklanki cebuli, drobno posiekanej

1 szklanka marchewki, drobno posiekanej

½ szklanki liści kolendry, drobno posiekanych

3 ząbki czosnku, drobno posiekane

1 szklanka zielonej papryki, drobno posiekanej

1 łyżeczka mieszanki przypraw włoskich

1 łyżeczka pieprzu cayenne

½ łyżeczki papryczki chili

1 szklanka świeżego soku pomidorowego

Sól i czarny pieprz do smaku

3 łyżki oliwy z oliwek

instrukcje:

Rozgrzej oliwę z oliwek na średnim ogniu. Dodaj posiekaną cebulę i smaż, aż będzie przezroczysta, cały czas mieszając.

Teraz dodaj paprykę, marchewkę, czosnek, kolendrę, włoską mieszankę przypraw, pieprz cayenne, papryczkę chili, sól i czarny pieprz. Dobrze wymieszaj i gotuj przez kolejne dziesięć minut.

Zdjąć z ognia i przenieść do dużej, szczelnej torebki z sokiem pomidorowym i filetami tilapii. Gotuj metodą sous vide przez 50 minut w temperaturze 122 F. Wyjmij z bemaru i podawaj.

Żółte małże z ziarnami pieprzu

Czas przygotowania + gotowanie: 1h30 | Posiłki: 2

Składniki :

4 uncje małży w puszkach

¼ szklanki wytrawnego białego wina

1 łodyga selera, pokrojona w kostkę

1 pokrojony w kostkę pasternak

1 ćwiartka szalotki

1 liść laurowy

1 łyżka ziaren czarnego pieprzu

1 łyżka oliwy z oliwek

8 łyżek masła, temperatura pokojowa

1 łyżka posiekanej świeżej natki pietruszki

2 ząbki czosnku, posiekane

Sól dla smaku

1 łyżeczka świeżo zmielonego czarnego pieprzu

¼ szklanki bułki tartej panko

1 bagietka, pokrojona w plasterki

instrukcje:

Przygotuj bemar i włóż do niego sous vide. Ustaw na 154 F. Umieść małże, szalotkę, seler, pasternak, wino, ziarna pieprzu, oliwę z oliwek i liść laurowy w zamykanej torebce. Odpowietrzyć metodą wypierania wody, zamknąć worek i zanurzyć go w łaźni wodnej. Gotuj przez 60 minut.

Za pomocą blendera dodaj masło, pietruszkę, sól, czosnek i mielony pieprz. Mieszaj na średniej prędkości, aż składniki się połączą. Włóż mieszaninę do plastikowej torby i zwiń. Włożyć do lodówki i ostudzić.

Gdy licznik czasu się skończy, usuń ślimaki i warzywa. Wyrzucić soki powstałe podczas gotowania. Rozgrzej patelnię na dużym ogniu. Posmaruj masłem muszle, posyp bułką tartą i gotuj przez 3 minuty, aż się roztopią. Podawać z ciepłymi plasterkami bagietki.

Pstrąg kolendrowy

Czas przygotowania + gotowanie: 60 minut | Posiłki: 4

Składniki :

2 funty pstrąga, 4 sztuki

5 ząbków czosnku

1 łyżka soli morskiej

4 łyżki oliwy z oliwek

1 szklanka liści kolendry, drobno posiekanych

2 łyżki drobno posiekanego rozmarynu

¼ szklanki świeżo wyciśniętego soku z cytryny

instrukcje:

Rybę dokładnie oczyść i opłucz. Osuszyć papierowymi ręcznikami i posypać solą. Wymieszaj czosnek z oliwą, kolendrą, rozmarynem i sokiem z cytryny. Napełnij każdą rybę powstałą mieszanką. Umieścić w oddzielnych, zamykanych próżniowo torebkach i zamknąć. Gotuj sous vide przez 45 minut w temperaturze 131 F.

Pierścienie kalmarów

Czas przygotowania + gotowanie: 1h25 | Posiłki: 3

Składniki :

2 szklanki krążków kalmarów

1 łyżka świeżego rozmarynu

Sól i czarny pieprz do smaku

½ szklanki oliwy z oliwek

instrukcje:

Włóż plastry kalmarów z rozmarynem, solą, pieprzem i oliwą z oliwek do dużej, czystej plastikowej torby. Zamknij torebkę i potrząśnij nią kilka razy, aby dobrze ją pokryła. Przełóż do dużego, szczelnego pojemnika i zamknij torebkę. Gotuj sous vide przez 1 godzinę i 10 minut w temperaturze 131 F. Wyjmij z bemaru i podawaj.

Sałatka z krewetek i awokado chili

Przygotowanie + czas gotowania: 45 minut | Posiłki: 4

Składniki :

1 posiekana czerwona cebula

Sok z 2 limonek

1 łyżeczka oliwy z oliwek

¼ łyżeczki soli morskiej

⅛ łyżeczki białego pieprzu

1 funt surowych krewetek, obranych i oczyszczonych

1 pokrojony w kostkę pomidor

1 pokrojone w kostkę awokado

1 zielona papryczka chili, pozbawiona nasion i pokrojona w kostkę

1 łyżka posiekanej kolendry

instrukcje:

Przygotuj bemar i włóż do niego sous vide. Ustaw na 148F.

Umieść sok z limonki, czerwoną cebulę, sól morską, biały pieprz, oliwę z oliwek i krewetki w zamykanej torebce. Odpowietrzyć metodą wypierania wody, zamknąć worek i zanurzyć go w łaźni wodnej. Gotuj przez 24 minuty.

Gdy licznik czasu się skończy, wyjmij torebkę i przenieś ją do łaźni lodowo-wodnej na 10 minut. W misce połącz pomidory, awokado, zieloną paprykę i kolendrę. Wylej na nią zawartość torebki.

Maślane czerwone ciasto francuskie z sosem cytrusowo-szafranowym

Czas przygotowania + gotowanie: 55 minut | Posiłki: 4

Składniki

4 sztuki oczyszczonej kiełbasy

2 łyżki masła

Sól i czarny pieprz do smaku

<u>Do sosu cytrusowego</u>

1 cytryna

1 grejpfrut

1 limonka

3 pomarańcze

1 łyżeczka musztardy Dijon

2 łyżki oleju rzepakowego

1 żółta cebula

1 cukinia pokrojona w kostkę

1 łyżeczka nitki szafranowej

1 łyżeczka pokrojonej w kostkę papryczki chili

1 łyżka cukru

3 szklanki bulionu rybnego

3 łyżki posiekanej kolendry

Instrukcje

Przygotuj bemar i włóż do niego sous vide. Ustaw na 132 F. Dopraw filety solą i pieprzem i umieść je w zamykanej próżniowo torbie. Odpowietrzyć metodą wypierania wody, zamknąć worek i zanurzyć go w łaźni wodnej. Gotuj przez 30 minut.

Obierz owoc i pokrój go w kostkę. Na patelni rozgrzej olej na średnim ogniu i dodaj cebulę i cukinię. Smaż przez 2-3 minuty. Dodać owoce, szafran, pieprz, musztardę i cukier. Gotuj jeszcze 1 minutę. Wymieszaj bulion rybny i gotuj na wolnym ogniu przez 10 minut. Udekoruj kolendrą i odłóż na bok. Gdy czas się skończy, wyjmij rybę i połóż ją na talerzu. Polać sosem cytrusowo-szafranowym i podawać.

Filet z dorsza w panierce sezamowej

Przygotowanie + czas gotowania: 45 minut | Posiłki: 2

Składniki

1 duży filet z dorsza

2 łyżki pasty sezamowej

1 ½ łyżki brązowego cukru

2 łyżki sosu rybnego

2 łyżki masła

nasiona sezamu

Instrukcje

Przygotuj bemar i włóż do niego sous vide. Ustaw na 131F.

Zanurzaj dorsza w mieszance brązowego cukru, pasty sezamowej i sosu rybnego. Umieścić w zamykanej próżniowo torbie. Odpowietrzyć metodą wypierania wody, zamknąć worek i zanurzyć go w łaźni wodnej. Gotuj przez 30 minut. Rozpuść masło na patelni na średnim ogniu.

Gdy timer się skończy, wyjmij dorsza, przenieś go na patelnię i smaż przez 1 minutę. Podawać na talerzu. Wlać sos z gotowania na patelnię i gotować, aż się zredukuje. Dodać 1 łyżkę masła i wymieszać. Sosem polej dorsza i udekoruj ziarnami sezamu. Podawać z ryżem.

Kremowy łosoś ze szpinakiem i sosem musztardowym

Czas przygotowania + gotowanie: 55 minut | Posiłki: 2

Jaskładniki

4 filety z łososia bez skóry

1 duży pęczek szpinaku

½ szklanki musztardy Dijon

1 szklanka gęstej śmietanki

1 szklanka pół na pół śmietanki

1 łyżka soku z cytryny

Sól i czarny pieprz do smaku

Instrukcje

Przygotuj bemar i włóż do niego sous vide. Ustaw na 115 F. Umieść łososia przyprawionego solą w zamykanej próżniowo torbie. Odpowietrzyć metodą wypierania wody, zamknąć worek i zanurzyć go w łaźni wodnej. Gotuj przez 45 minut.

Rozgrzej rondelek na średnim ogniu i smaż szpinak, aż zwiędnie. Zmniejsz ogień i dodaj sok z cytryny, pieprz i sól. Kontynuuj gotowanie. Rozgrzej patelnię na średnim ogniu i dodaj pół na pół śmietanki oraz musztardę Dijon. Zmniejsz ogień i gotuj na wolnym ogniu. Doprawić solą i pieprzem. Gdy minutnik się skończy, wyjmij łososia i połóż go na talerzu. Polej go sosem. Podawać ze szpinakiem.

Pieprzone przegrzebki ze świeżą sałatką

Czas przygotowania + gotowanie: 55 minut | Posiłki: 4

Składniki

1 funt przegrzebków

1 łyżeczka czosnku w proszku

½ łyżeczki proszku cebulowego

½ łyżeczki papryki

¼ łyżeczki pieprzu cayenne

Sól i czarny pieprz do smaku

Sałatka

3 szklanki ziaren kukurydzy

Pół litra pomidorków koktajlowych, przekrojonych na pół

1 czerwona papryka, pokrojona w kostkę

2 łyżki posiekanej świeżej pietruszki

Ubrać się

1 łyżka świeżej bazylii

1 cytryna, pokrojona w ćwiartki

Instrukcje

Przygotuj bemar i włóż do niego sous vide. Ustaw na 122F.

Umieść przegrzebki w szczelnej torbie. Doprawić solą i pieprzem. W misce wymieszaj proszek czosnkowy, paprykę, proszek cebulowy i pieprz cayenne. Wlać. Odpowietrzyć metodą wypierania wody, zamknąć worek i zanurzyć go w łaźni wodnej. Gotuj przez 30 minut.

W międzyczasie rozgrzej piekarnik do 400 F. Umieść ziarna kukurydzy i czerwoną paprykę w naczyniu do pieczenia. Skropić oliwą z oliwek i doprawić solą i pieprzem. Gotuj przez 5-10 minut. Przełożyć do miski i wymieszać z natką pietruszki. Składniki sosu dokładnie wymieszaj w misce i polej nim ziarna kukurydzy.

Gdy licznik czasu się skończy, wyjmij torebkę i przenieś ją na gorącą patelnię. Smaż po 2 minuty z każdej strony. Podawać na talerzu, przegrzebki i sałatkę. Udekoruj bazylią i plasterkiem cytryny.

Pyszne przegrzebki z mango

Czas przygotowania + gotowanie: 50 minut | Posiłki: 4

Składniki

1 funt dużych przegrzebków

1 łyżka masła

<u>sos</u>

1 łyżka soku z cytryny

2 łyżki oliwy z oliwek

<u>Udekorować</u>

1 łyżka skórki z limonki

1 łyżka skórki pomarańczowej

1 szklanka pokrojonego w kostkę mango

1 papryka Serrano, pokrojona w cienkie plasterki

2 łyżki posiekanych liści mięty

Instrukcje

Umieść przegrzebki w szczelnej torbie. Doprawić solą i pieprzem. Pozostawić do ostygnięcia w lodówce na noc. Przygotuj bemar i włóż do niego sous vide. Ustawić na 122 F. Wypuścić powietrze metodą wypierania wody, zamknąć i zanurzyć torebkę w łaźni wodnej. Gotuj 15-35 minut.

Rozgrzej patelnię na średnim ogniu. Składniki sosu dobrze wymieszaj w misce. Gdy timer się skończy, wyjmij przegrzebki, przenieś je na patelnię i smaż na złoty kolor. Podawać na talerzu. Skropić sosem i dodać składniki na polewę.

Por i krewetki z musztardowym winegretem

Przygotowanie + czas gotowania: 1h20 | Posiłki: 4

Jaskładniki

6 Porucznik

5 łyżek oliwy z oliwek

Sól i czarny pieprz do smaku

1 szalotka, posiekana

1 łyżka octu ryżowego

1 łyżeczka musztardy Dijon

1/3 funta gotowanych krewetek laurowych

Posiekana świeża pietruszka

Instrukcje

Przygotuj bemar i włóż do niego sous vide. Ustaw na 183F.

Odetnij górną część pora i usuń dolne części. Umyj je w zimnej wodzie i skrop 1 łyżką oliwy z oliwek. Doprawić solą i pieprzem. Umieścić w zamykanej próżniowo torbie. Odpowietrzyć metodą wypierania wody, zamknąć worek i zanurzyć go w łaźni wodnej. Gotuj przez 1 godzinę.

W międzyczasie, aby przygotować sos winegret, w misce połącz szalotkę, musztardę Dijon, ocet i 1/4 szklanki oliwy z oliwek. Doprawić solą i pieprzem. Gdy czas się skończy, wyjmij torebkę i przenieś ją do łaźni lodowo-wodnej. Ostudzić. Pory ułożyć na 4 talerzach i posypać solą. Dodać krewetki i polać sosem winegret. Udekoruj pietruszką.

Zupa Kokosowa Z Krewetkami

Czas przygotowania + gotowanie: 55 minut | Posiłki: 6

Składniki

8 dużych surowych krewetek, obranych i oczyszczonych

1 łyżka masła

Sól i czarny pieprz do smaku

Do zupy

1 funt cukinii

4 łyżki soku z limonki

2 żółte cebule, posiekane

1-2 małe czerwone papryki, drobno posiekane

1 łodyga trawy cytrynowej, tylko biała część, posiekana

1 łyżeczka pasty krewetkowej

1 łyżeczka cukru

1 ½ szklanki mleka kokosowego

1 łyżeczka pasty z tamaryndowca

1 szklanka wody

½ szklanki kremu kokosowego

1 łyżka sosu rybnego

2 łyżki posiekanej świeżej bazylii

Instrukcje

Przygotuj bemar i włóż do niego sous vide. Ustaw na 142 F. Umieść krewetki i masło w zamykanej próżniowo torbie. Doprawić solą i pieprzem. Odpowietrzyć metodą wypierania wody, zamknąć worek i zanurzyć go w łaźni wodnej. Gotuj 15-35 minut.

W międzyczasie obierz cukinię i usuń nasiona. Kroić w kostkę. Do robota kuchennego dodaj cebulę, trawę cytrynową, papryczkę chili, pastę krewetkową, cukier i 1/2 szklanki mleka kokosowego. Mieszaj, aż uzyskasz puree.

Podgrzej rondelek na małym ogniu i dodaj mieszaninę cebuli, pozostałe mleko kokosowe, pastę tamaryndowca i wodę. Dodaj cukinię i gotuj przez 10 minut.

Gdy czas się skończy, wyjmij krewetki i włóż je do bulionu. Wymieszaj śmietankę kokosową, sok z limonki i bazylię. Podawać w miskach do zupy.

Łosoś Miodowy Z Makaronem Soba

Czas przygotowania + gotowanie: 40 minut | Posiłki: 4

Składniki

Łosoś

6 uncji filetów z łososia, ze skórą

Sól i czarny pieprz do smaku

1 łyżeczka oleju sezamowego

1 szklanka oliwy z oliwek

1 łyżka świeżego imbiru, startego

2 łyżki miodu

Pokój Sezamowy

4 uncje suchego makaronu soba

1 łyżka oleju z pestek winogron

2 ząbki czosnku, posiekane

½ główki kalafiora

3 łyżki tahini

1 łyżeczka oleju sezamowego

2 łyżki oliwy z oliwek

¼ soku z limonki

1 łodyga zielonej cebuli, pokrojona w plasterki

¼ szklanki kolendry, grubo posiekanej

1 łyżeczka prażonych ziaren maku

Plasterki limonki do dekoracji

Nasiona sezamu do dekoracji

2 łyżki posiekanej kolendry

Instrukcje

Przygotuj bemar i włóż do niego sous vide. Ustaw na 123 F. Dopraw łososia solą i pieprzem. W misce wymieszaj olej sezamowy, oliwę z oliwek, imbir i miód. Umieść łososia i mieszaninę w zamykanej próżniowo torbie. Dobrze wstrząsnąć. Odpowietrzyć metodą wypierania wody, zamknąć worek i zanurzyć go w łaźni wodnej. Gotuj przez 20 minut.

W międzyczasie przygotuj makaron soba. Rozgrzej olej z pestek winogron na patelni na dużym ogniu i smaż kalafior i czosnek przez 6 do 8 minut. W misce dokładnie wymieszaj tahini, oliwę z oliwek, olej sezamowy, sok z limonki, kolendrę, zieloną cebulę i prażone nasiona sezamu. Odcedzamy makaron i dodajemy go do kalafiora.

Rozgrzej patelnię na dużym ogniu. Przykryj papierem do pieczenia. Gdy czas się skończy, wyjmij łososia i przenieś go na patelnię. Smaż przez 1 minutę. Podawaj makaron w dwóch miskach i dodaj łososia. Udekoruj cząstkami limonki, makiem i kolendrą.

Wyśmienity homar z majonezem

Czas przygotowania + gotowanie: 40 minut | Posiłki: 2

Składniki

2 ogony homara

1 łyżka masła

2 słodkie cebule, posiekane

3 łyżki majonezu

Sól dla smaku

Szczypta czarnego pieprzu

2 łyżeczki soku z cytryny

Instrukcje

Przygotuj bemar i włóż do niego sous vide. Ustaw na 138F.

Podgrzej wodę w rondlu na dużym ogniu, aż do wrzenia. Otwórz muszle ogonów homara i zanurz je w wodzie. Gotuj przez 90 sekund. Przenieść do łaźni lodowo-wodnej. Pozostawić do ostygnięcia na 5 minut. Rozbij muszle i usuń ogony.

Umieść ogony wraz z masłem w worku próżniowym. Odpowietrzyć metodą wypierania wody, zamknąć worek i zanurzyć go w łaźni wodnej. Gotuj przez 25 minut.

Gdy licznik czasu się zatrzyma, usuń ogony i wysusz je. Usiądź bokiem. Pozostawić do ostygnięcia na 30 minut. W misce wymieszaj majonez, słodką cebulę, pieprz i sok z cytryny. Rzepę pokroić, dodać do masy majonezowej i dobrze wymieszać. Podawać z tostowym pieczywem.

Koktajl z krewetkami

Czas przygotowania + gotowanie: 40 minut | Posiłki: 2

Składniki

1 funt krewetek, obranych i oczyszczonych

Sól i czarny pieprz do smaku

4 łyżki świeżego koperku, posiekanego

1 łyżka masła

4 łyżki majonezu

2 łyżki zielonej cebuli, posiekanej

2 łyżeczki świeżo wyciśniętego soku z cytryny

2 łyżeczki przecieru pomidorowego

1 łyżka tabasco

4 podłużne bułki

8 liści sałaty

½ cytryny, pokrojonej na ćwiartki

Instrukcje

Przygotuj bemar i włóż do niego sous vide. Ustaw na 149 F. Aby doprawić, dobrze wymieszaj majonez, zieloną cebulę, sok z cytryny, koncentrat pomidorowy i sos Tabasco. Doprawić solą i pieprzem.

Umieść krewetki i przyprawy w szczelnej torbie. Do każdego wrapa dodaj 1 łyżkę koperku i 1/2 łyżki masła. Odpowietrzyć metodą wypierania wody, zamknąć worek i zanurzyć go w łaźni wodnej. Gotuj przez 15 minut.

Rozgrzej piekarnik do 200°C i piecz bułeczki przez 15 minut. Gdy czas się skończy, wyjmij torebkę i osusz. Krewetki włóż do miski z dressingiem i dobrze wymieszaj. Podawać z bułeczkami z sałatką cytrynową.

Łosoś cytrynowy z delikatnymi ziołami

Przygotowanie + czas gotowania: 45 minut | Posiłki: 2

Składniki

2 filety z łososia bez skóry

Sól i czarny pieprz do smaku

¾ szklanki oliwy z oliwek z pierwszego tłoczenia

1 szalotka, pokrojona w cienkie krążki

1 łyżka liści bazylii, lekko posiekanych

1 łyżeczka papryczki chili

3 uncje mieszanych warzyw

1 cytryna

Instrukcje

Przygotuj bemar i włóż do niego sous vide. Ustaw na 128F.

Łososia włożyć do zamkniętego próżniowo worka, doprawić solą i pieprzem. Dodać plasterki szalotki, oliwę, ziele angielskie i bazylię. Odpowietrzyć metodą wypierania wody, zamknąć worek i zanurzyć go w łaźni wodnej. Gotuj przez 25 minut.

Gdy minutnik się skończy, wyjmij torebkę i przenieś łososia na talerz. Wymieszaj soki z gotowania z odrobiną soku z cytryny i ułóż na wierzchu filety z łososia. Podawać.

Ogony Homara Z Solonym Masłem

Czas przygotowania + gotowanie: 1h10 | Posiłki: 2

Składniki

8 łyżek masła

2 ogony homara, usunięte muszle

2 gałązki świeżego estragonu

2 łyżki szałwii

Sól dla smaku

Plastry cytryny

Instrukcje

Przygotuj bemar i włóż do niego sous vide. Ustaw na 134F.

Umieść ogony homara, masło, sól, szałwię i estragon w zamykanej torebce. Odpowietrzyć metodą wypierania wody, zamknąć worek i zanurzyć go w łaźni wodnej. Gotuj przez 60 minut.

Gdy licznik czasu się skończy, wyjmij torebkę i przenieś homara na talerz. Na wierzch posmaruj masłem. Udekoruj plasterkami cytryny.

Tajski łosoś z kalafiorem i makaronem jajecznym

Czas przygotowania + gotowanie: 55 minut | Posiłki: 2

Składniki

2 filety z łososia ze skórą

Sól i czarny pieprz do smaku

1 łyżka oliwy z oliwek

4½ łyżki sosu sojowego

2 łyżki świeżo mielonego imbiru

2 tajskie papryczki chili, pokrojone w cienkie plasterki

6 łyżek oleju sezamowego

4 uncje przygotowanego makaronu jajecznego

6 uncji gotowanych różyczek kalafiora

5 łyżek nasion sezamu

Instrukcje

Przygotuj bemar i włóż do niego sous vide. Ustaw na 149 F. Przygotuj blachę do pieczenia wyłożoną folią i połóż łososia, dopraw solą i pieprzem i przykryj większą ilością folii. Piec przez 30 minut.

Upieczonego łososia wyjmij do zamykanej próżniowo torebki. Odpowietrzyć metodą wypierania wody, zamknąć worek i zanurzyć go w łaźni wodnej. Gotuj przez 8 minut.

W misce wymieszaj imbir, papryczkę chili, 4 łyżki sosu sojowego i 4 łyżki oleju sezamowego. Gdy minutnik się skończy, wyjmij torebkę i przenieś łososia do miski z makaronem. Udekoruj prażonymi nasionami i skórką łososia. Posyp sosem chili-imbirowym i podawaj.

Lekki koperkowy okoń morski

Przygotowanie + czas gotowania: 35 minut | Posiłki: 3

Składniki

1-funtowy chilijski okoń morski bez skóry

1 łyżka oliwy z oliwek

Sól i czarny pieprz do smaku

1 łyżka koperku

Instrukcje

Przygotuj bemar i włóż do niego sous vide. Ustawić na 134 F. Doprawić okonia morskiego solą i pieprzem i umieścić w zamykanej próżniowo torbie. Dodać koperek i oliwę. Odpowietrzyć metodą wypierania wody, zamknąć worek i zanurzyć go w łaźni wodnej. Gotuj przez 30 minut. Gdy licznik czasu się skończy, wyjmij torebkę i przenieś okonia morskiego na talerz.

Smażone krewetki ze słodkim chili

Czas przygotowania + gotowanie: 40 minut | Posiłki: 6

Składniki

1 ½ funta krewetek

3 suszone czerwone papryki

1 łyżka startego imbiru

6 ząbków czosnku, zmiażdżonych

2 łyżki wina szampańskiego

1 łyżka sosu sojowego

2 łyżki cukru

½ łyżeczki skrobi kukurydzianej

3 zielone cebule, posiekane

Instrukcje

Przygotuj bemar i włóż do niego sous vide. Ustaw na 135F.

Wymieszaj imbir, ząbki czosnku, papryczki chili, szampana, cukier, sos sojowy i skrobię kukurydzianą. Obrane krewetki wraz z mieszaniną umieść w worku próżniowym. Odpowietrzyć metodą wypierania wody, uszczelnić i zanurzyć w łaźni wodnej. Gotuj przez 30 minut.

Umieść zieloną cebulę w rondlu ustawionym na średnim ogniu. Dodaj olej i smaż przez 20 sekund. Gdy licznik czasu się skończy, wyjmij ugotowane krewetki i włóż je do miski. Udekoruj cebulą. Podawać z ryżem.

Owocowe Tajskie Krewetki

Czas przygotowania + gotowanie: 25 minut | Posiłki: 4

Składniki

2 funty obranych i oczyszczonych krewetek

4 kawałki obranej i pokrojonej w plasterki papai

2 szalotki, pokrojone w plasterki

¾ szklanki pomidorków koktajlowych, przekrojonych na pół

2 łyżki posiekanej bazylii

¼ szklanki prażonych, suchych orzeszków ziemnych

Sos tajski

¼ szklanki soku z limonki

6 łyżek cukru

5 łyżek sosu rybnego

4 ząbki czosnku

4 małe czerwone papryki

Instrukcje

Przygotuj bemar i włóż do niego sous vide. Ustaw na 135 F. Umieść krewetki w zamykanej próżniowo torbie. Odpowietrzyć metodą wypierania wody, zamknąć worek i zanurzyć go w łaźni wodnej. Gotuj przez 15 minut. W misce dokładnie wymieszaj sok z limonki, sos rybny i cukier. Zmiażdż czosnek i papryczkę chili. Dodaj do mieszanki dressingowej.

Gdy licznik czasu się skończy, wyjmij krewetki z torby i włóż je do miski. Dodaj papaję, tajską bazylię, szalotkę, pomidory i orzeszki ziemne. Posmaruj winegretem.

Danie z krewetkami cytrynowymi w stylu dublińskim

Czas przygotowania + gotowanie: 1h15 | Posiłki: 4

Składniki

4 łyżki masła

2 łyżki soku z limonki

2 posiekane ząbki świeżego czosnku

1 łyżeczka świeżej skórki z limonki

Sól i czarny pieprz do smaku

1 funtowe krewetki jumbo, obrane i oczyszczone

½ szklanki bułki tartej Panko

1 łyżka świeżej natki pietruszki, posiekanej

Instrukcje

Przygotuj bemar i włóż do niego sous vide. Ustaw na 135F.

Na patelni rozgrzej 3 łyżki masła na średnim ogniu, dodaj sok z limonki, sól, pieprz, czosnek i skórkę. Pozostawić do ostygnięcia na 5 minut. Umieść krewetki i mieszaninę w zamkniętej próżniowo torbie. Odpowietrzyć metodą wypierania wody, zamknąć worek i zanurzyć go w łaźni wodnej. Gotuj przez 30 minut.

W międzyczasie rozgrzej masło na patelni na średnim ogniu i podsmaż bułkę tartą panko. Gdy licznik czasu się skończy, wyjmij krewetki i przenieś je do garnka ustawionego na dużym ogniu i ugotuj je z powstałymi sokami. Podawać w 4 miseczkach do zupy i posypać bułką tartą.

Soczyste przegrzebki z sosem chili czosnkowym

Czas przygotowania + gotowanie: 75 minut | Posiłki: 2

Składniki

2 łyżki żółtego curry

1 łyżka koncentratu pomidorowego

½ szklanki kremu kokosowego

1 łyżeczka sosu chili czosnkowego

1 łyżka soku z cytryny

6 przegrzebków

Ugotowany brązowy ryż do podania

Świeża kolendra, posiekana

Instrukcje

Przygotuj bemar i włóż do niego sous vide. Ustaw na 134F.

Wymieszaj śmietankę kokosową, koncentrat pomidorowy, curry, sok z limonki i sos chili-czosnkowy. Umieść mieszaninę przegrzebków w zamkniętej próżniowo torbie. Odpowietrzyć metodą wypierania wody, zamknąć worek i zanurzyć go w łaźni wodnej. Gotuj przez 60 minut.

Gdy licznik czasu się skończy, wyjmij torebkę i przenieś ją na talerz. Podawać z brązowym ryżem i udekorować przegrzebkami. Udekoruj kolendrą.

Curry krewetkowe z makaronem

Czas przygotowania + gotowanie: 25 minut | Posiłki: 2

Składniki

1 funtowe krewetki, z ogonem

8 uncji makaronu wermiszelowego, ugotowanego i odsączonego

1 łyżeczka wina ryżowego

1 łyżeczka curry w proszku

1 łyżka sosu sojowego

1 zielona cebula, pokrojona w plasterki

2 łyżki oleju roślinnego

Instrukcje

Przygotuj bemar i włóż do niego sous vide. Ustaw na 149 F. Umieść krewetki w zamykanej próżniowo torbie. Odpowietrzyć metodą wypierania wody, zamknąć worek i zanurzyć go w łaźni wodnej. Gotuj przez 15 minut.

Rozgrzej olej na patelni na średnim ogniu, dodaj wino ryżowe, curry i sos sojowy. Dobrze wymieszaj i połącz makaron. Gdy licznik czasu się skończy, wyjmij krewetki i umieść je w mieszance makaronowej. Udekoruj zieloną cebulą.

Pyszny kremowy dorsz marmurkowy

Czas przygotowania + gotowanie: 40 minut | Posiłki: 6

Składniki

<u>Dla dorsza</u>

6 filetów z dorsza

Sól dla smaku

1 łyżka oliwy z oliwek

3 gałązki świeżej pietruszki

<u>na sos</u>

1 szklanka białego wina

1 szklanka pół na pół śmietanki

1 drobno posiekana biała cebula

2 łyżki posiekanego koperku

2 łyżeczki czarnego pieprzu

Instrukcje

Przygotuj bemar i włóż do niego sous vide. Ustaw na 148F.

Solone filety z dorsza włóż do szczelnych torebek. Dodać oliwę i natkę pietruszki. Odpowietrzyć metodą wypierania wody, zamknąć worek i zanurzyć go w łaźni wodnej. Gotuj przez 30 minut.

Rozgrzej patelnię na średnim ogniu, dodaj wino, cebulę, czarny pieprz i smaż, aż się zredukują. Mieszaj śmietankę pół na pół, aż zgęstnieje. Gdy timer się skończy, połóż rybę na talerzach i polej sosem.

Garnek Rillettes z Łososiem

Czas przygotowania + gotowanie: 2h30 | Posiłki: 2

Składniki

Pół kilo filetów z łososia bez skóry

1 łyżeczka soli morskiej

6 łyżek masła

1 cebula, posiekana

1 ząbek czosnku, posiekany

1 łyżka soku z limonki

Instrukcje

Przygotuj bemar i włóż do niego sous vide. Ustaw na 130 F. Umieść łososia, niesolone masło, sól morską, ząbki czosnku, cebulę i sok z cytryny w zamykanej torebce. Odpowietrzyć metodą wypierania wody, zamknąć worek i zanurzyć go w łaźni wodnej. Gotuj przez 20 minut.

Gdy czas się skończy, wyjmij łososia i przenieś go do 8 małych misek. Dopraw sosem powstałym podczas gotowania. Pozostawić do ostygnięcia w lodówce na 2 godziny. Podawać z kromkami tostów.

Łosoś szałwiowy z puree ziemniaczanym z dodatkiem kokosa

Czas przygotowania + gotowanie: 1h30 | Posiłki: 2

Składniki

2 filety z łososia ze skórą

2 łyżki oliwy z oliwek

2 gałązki szałwii

4 ząbki czosnku

3 ziemniaki, obrane i pokrojone w plasterki

¼ szklanki mleka kokosowego

1 pęczek boćwiny tęczowej

1 łyżka startego imbiru

1 łyżka sosu sojowego

Sól morska do smaku

Instrukcje

Przygotuj bemar i włóż do niego sous vide. Ustaw na 122 F. Umieść łososia, szałwię, czosnek i oliwę z oliwek w szczelnej torbie. Odpowietrzyć metodą wypierania wody, zamknąć worek i zanurzyć go w łaźni wodnej. Gotuj przez 1 godzinę.

Rozgrzej piekarnik do 375 F. Posmaruj ziemniaki olejem i piecz przez 45 minut. Ziemniaki przełóż do blendera i dodaj mleko kokosowe. Doprawić solą i pieprzem. Mieszaj przez 3 minuty, aż masa będzie gładka.

Rozgrzać oliwę z oliwek na patelni na średnim ogniu i zrumienić imbir, boćwinę i sos sojowy.

Gdy czas się skończy, wyjmij łososia i przenieś go na gorącą patelnię. Smaż przez 2 minuty. Przełóż na talerz, dodaj puree ziemniaczane i udekoruj węglem drzewnym.

Miska dla niemowląt ośmiornica z koperkiem

Czas przygotowania + gotowanie: 60 minut | Posiłki: 4

Składniki

1 funt młodej ośmiornicy

1 łyżka oliwy z oliwek

1 łyżka świeżo wyciśniętego soku z cytryny

Sól i czarny pieprz do smaku

1 łyżka koperku

Instrukcje

Przygotuj bemar i włóż do niego sous vide. Ustaw na 134 F. Umieść ośmiornicę w szczelnej torbie. Odpowietrzyć metodą wypierania wody, zamknąć worek i zanurzyć go w łaźni wodnej. Gotuj przez 50 minut. Gdy minutnik się skończy, wyjmij ośmiornicę i osusz ją. Wymieszaj ośmiornicę z odrobiną oliwy z oliwek i sokiem z cytryny. Doprawić solą, pieprzem i koperkiem.

Łosoś na słono z sosem holenderskim

Czas przygotowania + gotowanie: 1h50 | Posiłki: 4

Jaskładniki

4 filety z łososia

Sól dla smaku

<u>Sos holenderski</u>

4 łyżki masła

1 żółtko

1 łyżeczka soku z cytryny

1 łyżeczka wody

½ szalotki pokrojonej w kostkę

Szczypta papryki

Instrukcje

Posolić łososia. Pozostawić do ostygnięcia na 30 minut. Przygotuj bemar i włóż do niego sous vide. Ustaw na 148 F. Umieść wszystkie składniki sosu w zamykanej próżniowo torbie. Odpowietrzyć metodą wypierania wody, zamknąć worek i zanurzyć go w łaźni wodnej. Gotuj przez 45 minut.

Gdy odliczanie się skończy, wyjmij torebkę. Odłożyć na bok. Obniż temperaturę Sous Vide do 50 F i umieść łososia w zamykanej próżniowo torbie. Odpowietrzyć metodą wypierania wody, zamknąć worek i zanurzyć go w łaźni wodnej. Gotuj przez 30 minut. Sos przełożyć do blendera i miksować na jasnożółty kolor. Gdy czas się skończy, wyjmij łososia i osusz. Podawać polane sosem.

Wspaniały łosoś z bazylią cytrynową

Przygotowanie + czas gotowania: 35 minut | Posiłki: 4

Składniki

2 funty łososia

2 łyżki oliwy z oliwek

1 łyżka posiekanej bazylii

Skórka z 1 cytryny

Sok z 1 cytryny

¼ łyżeczki czosnku w proszku

Sól morska i czarny pieprz do smaku

Instrukcje

Przygotuj bemar i włóż do niego sous vide. Ustaw na 115 F. Umieść łososia w zamykanej próżniowo torbie. Odpowietrzyć metodą wypierania wody, zamknąć worek i zanurzyć go w łaźni wodnej. Gotuj przez 30 minut.

W międzyczasie wymieszaj w misce pieprz, sól, bazylię, sok z cytryny i proszek czosnkowy, aż uzyskasz emulsję. Gdy minutnik się skończy, wyjmij łososia i połóż go na talerzu. Zachowaj soki z gotowania. Na patelni rozgrzej oliwę z oliwek na dużym ogniu i podsmaż plasterki czosnku. Zarezerwuj czosnek. Dodaj łososia na patelnię i smaż przez 3 minuty, aż uzyska złoty kolor. Przykryj i połóż na wierzchu plasterki czosnku.

Ukąszenia jajek z łososia i szparagów

Czas przygotowania + gotowanie: 70 minut | Posiłki: 6

Składniki

6 całych jaj

¼ szklanki świeżej śmietanki

¼ szklanki koziego sera

4 szparagi

2 uncje wędzonego łososia

2 uncje koziego sera

½ uncji posiekanej szalotki

2 łyżki posiekanego świeżego koperku

Sól i czarny pieprz do smaku

Instrukcje

Przygotuj bemar i włóż do niego sous vide. Ustaw na 172 F. Wymieszaj jajka, crème fraîche, kozi ser i sól. Szparagi pokroić w kostkę i dodać do mieszanki szalotki. Łososia pokroić i również dodać do miski. Dodaj koperek. Dobrze wymieszaj.

Dodaj mieszankę jajek i łososia do 6 szklanek. Do słoików dodać 1/6 sera koziego, zakręcić i zanurzyć słoiki w łaźni wodnej. Gotuj przez 60 minut. Gdy odliczanie się skończy, zdejmij szklanki i posyp je solą.

Krewetki czosnkowo-musztardowe

Czas przygotowania + gotowanie: 2h45 | Posiłki: 2

Składniki

½ łyżeczki nasion gorczycy żółtej

¼ łyżeczki nasion selera

½ łyżeczki czerwonej papryki

½ łyżeczki nasion kolendry

½ łyżeczki nasion kopru włoskiego

¾ szklanki oliwy z oliwek

½ szklanki świeżo wyciśniętego soku z cytryny

4 łyżki octu ryżowego

Sól i czarny pieprz do smaku

1 liść laurowy

1 łyżka przyprawy Old Bay

2 ząbki czosnku, pokrojone w bardzo cienkie plasterki

1 funt oczyszczonych krewetek

½ żółtej cebuli, pokrojonej w cienkie plasterki

Instrukcje

Przygotuj bemar i włóż do niego sous vide. Ustaw na 149F.

Rozgrzej patelnię na średnim ogniu i podsmaż nasiona gorczycy, płatki czerwonej papryki, seler, koper włoski i nasiona kolendry. Gotuj, aż pęknie. Odłóż na bok i ostudź.

Do słoika konserwowego wlać oliwę, sok z cytryny, smażone przyprawy, czarny pieprz, ocet ryżowy, liść laurowy, ząbek czosnku i przyprawy. Zamknij i zanurz słoiki w łaźni wodnej. Gotuj przez 30 minut.

Gdy licznik czasu się skończy, wyjmij słoiki i pozostaw je do ostygnięcia na 5 minut. Przenieść do łaźni lodowo-wodnej w celu ostygnięcia. Przed podaniem przechowywać w lodówce przez 2 godziny.